北大版对外汉语教材·基础教程系列

风光汉语

中级听力 I

丛书主编　齐沪扬
丛书副主编　张新明　吴　颖
主　　编　吴跃平
编　　者　吴跃平　毛　颖　赵可红　骆林娜

图书在版编目（CIP）数据

风光汉语：中级听力Ⅰ/吴跃平主编.—北京：北京大学出版社，2011.3
（北大版对外汉语教材·基础教程系列）
ISBN 978-7-301-18533-9

Ⅰ.风… Ⅱ.吴… Ⅲ.汉语–听说教学–对外汉语教学–教材 Ⅳ.H195.4

中国版本图书馆CIP数据核字（2011）第020243号

书　　　名：	风光汉语：中级听力Ⅰ
著作责任者：	吴跃平　主编
责 任 编 辑：	旷书文　刘　正
标 准 书 号：	ISBN 978-7-301-18533-9/H·2756
出 版 发 行：	北京大学出版社
地　　　址：	北京市海淀区成府路205号　100871
网　　　址：	http://www.pup.cn
电 子 信 箱：	zpup@pup.pku.edu.cn
电　　　话：	邮购部 62752015　发行部 62750672　出版部 62754962　编辑部 62754144
印 刷 者：	北京宏伟双华印刷有限公司
经 销 者：	新华书店
	787毫米×1092毫米　16开本　13.5印张　330千字
	2011年3月第1版　2011年3月第1次印刷
印　　　数：	1—3000册
定　　　价：	40.00元（含MP3光盘一张）

未经许可，不得以任何方式复制或抄袭本书之部分或全部内容。
版权所有，侵权必究
举报电话：010-62752024　电子信箱：fd@pup.pku.edu.cn

前　言

　　随着社会经济的发展，旅游日益成为人们生活中密不可分的重要部分。世界各地和中国都有着丰富的旅游资源，来中国旅游的外国游客数量逐年递增，中国公民的境外游人数也以惊人的速度上升。据世界旅游组织预测，到2020年，中国将成为世界上第一大旅游目的地国和第四大客源输出国。这种不断发展的新态势，促使日益兴旺的对外汉语教学事业需要朝着多元化的方向发展：不仅要满足更多的外国人学习汉语的需要，而且还要培养出精通汉语，知晓中国文化，并能够用汉语从事旅游业工作的专门人才。大型对外汉语系列教材《风光汉语》，正是为顺应这一新态势而编写的。

　　上海师范大学对外汉语学院设有HSK（旅游）研发办公室。作为国家级重点项目"汉语水平考试（旅游）"的研发单位，依靠学院自身强大的学科优势与科研力量，经过详尽的调查分析与严密的科学论证，制定出"HSK［旅游］功能大纲"和"HSK［旅游］常用词语表"，为编写《风光汉语》奠定了重要的基础。而学院四十多年的对外汉语教育历史和丰富的教学经验，以及众多专家教授的理论指导和精心策划，更是这套教材得以遵循语言学习规律，体现科学性和适用性的根本保证。

　　上海师范大学对外汉语学院2005年申报成功上海市重点学科"对外汉语"。在重点学科的建设过程中，我们深刻地认识到教材的编写与科学研究的支撑是分不开的。HSK（旅游）的研发为教材的编写提供了许多帮助，可以这么说，这套教材就是HSK（旅游）科研成果的转化形式。我们将这套教材列为重点学科中的科研项目，在编写过程中给予经费上的资助，从而使教材能够在规定的期限内得以完成。

　　从教材的规模上说，《风光汉语》是一套体系完整的对外汉语教材，共分

26册。从教材的特点上说，主要体现在以下几个方面：

一、系统性

在纵向系列上，共分为六个等级：初级Ⅰ、初级Ⅱ；中级Ⅰ、中级Ⅱ；高级Ⅰ、高级Ⅱ。各等级在话题内容、语言范围和言语技能的编排顺序上，是螺旋式循序渐进的。

在横向系列上，各等级均配有相互协调的听、说、读、写等教材。在中、高级阶段，还配有中国社会生活、中国文化等教材。

因此，这套教材既可用作学历制教育本科生的主干教材，也适用于不同汉语学习层次的长期语言生。

二、功能性

教材以"情景—功能—结构—文化"作为编写原则，课文的编排体例以功能带结构，并注重词汇、语法、功能项目由浅入深的有序渐进。

此外，在着重培养学生汉语听、说、读、写的基本技能，以及基本言语交际技能的前提下，突出与旅游相关的情景表现（如景区游览、组织旅游、旅游活动、饭店实务等），并注重其相关功能意念的表达（如主客观的表述、旅游社交活动的表达、交际策略的运用等），努力做到语言训练与旅游实务的有机统一。

三、现代性

在课文内容的编写方面，注重在交际情景话题的基础上，融入现代旅游文化的内容。同时，较为具体地介绍中国社会的各个侧面、中国文化的主要表现与重要特征，以使教材更具创新性、趣味性、实用性和现代感。

四、有控性

教材力求做到词汇量、语法点、功能项目分布上的均衡协调、相互衔接，并制定出了各等级的词汇、语法和功能项目的范围与数量：

● 词汇范围

初级Ⅰ、Ⅱ以汉语词汇等级大纲的甲级词（1033个）、部分乙级词和HSK

（旅游）初级词语表（1083个）为主，词汇总量控制在1500—2000个之间。

中级Ⅰ、Ⅱ以汉语词汇等级大纲的乙级词（2018个）、部分丙级词和HSK（旅游）中级词语表（1209个）为主，词汇总量（涵盖初级Ⅰ、Ⅱ）控制在3500—4000个之间。

高级Ⅰ、Ⅱ以汉语词汇等级大纲的丙级词（2202个）、部分丁级词和HSK（旅游）高级词语表（860个）为主，词汇总量（涵盖初级Ⅰ、Ⅱ和中级Ⅰ、Ⅱ）控制在5500—6000个之间。

● 语法范围

初级Ⅰ、Ⅱ以汉语语法等级大纲的甲级语法大纲（129项）为主。

中级Ⅰ、Ⅱ以汉语语法等级大纲的乙级语法大纲（123项）为主。

高级Ⅰ、Ⅱ以汉语语法等级大纲的丙级语法大纲（400点）为主。

● 功能范围

初级Ⅰ、Ⅱ以HSK（旅游）初级功能大纲（110项）为主。

中级Ⅰ、Ⅱ以HSK（旅游）中级功能大纲（127项）为主。

高级Ⅰ、Ⅱ以HSK（旅游）高级功能大纲（72项）为主。

此外，在语言技能的训练方面，各门课程虽各有侧重、各司其职，但在词汇、语法、功能的分布上却是相互匹配的。即听力课、口语课中的词汇、语法与功能项目范围，基本上都是围绕读写课（或阅读课）展开的。这样做，可有效地避免其他课程的教材中又出现不少新词语或新语法的问题，从而能在很大程度上减轻学生学习和记忆的负担。同时，这也保证了词汇、语法重现率的实现，并有利于学生精学多练。因此，这是一套既便于教师教学，也易于学生学习的系列性教材。

本教材在编写过程中，得到北京大学出版社的大力支持：沈浦娜老师为教材的策划、构架提出过许多中肯的意见，多位编辑老师在出版此教材的过程中，更是做了大量具体而细致的工作，在此谨致诚挚的谢意。这套教材在编写过程中，曾经面向学院师生征集过书名，说来也巧，当初以提出"风光汉语"中选并以此获奖的旷书文同学，被沈浦娜招至麾下，并成为她的得力干将，在这套教材出版联络过程中起到极大的作用。

最后要说明的是,本教材得到上海市人文社会科学重点研究基地的资助,基地编号:SJ0705。

丛书主编

编写说明

一、本书为《风光汉语 中级读写Ⅰ》（以下简称《读写》）的配套教材，故在词语、句式和内容上有一定的对应。《读写》中已列入生词表的词语本书一般不再列为生词。

二、本书体例：

1. 共二十课，其中第五、十、十五、二十课为单元练习课。
2. 每课均设有精听课文和泛听课文各一篇以及对应的练习题。
3. 精听课文前设有两个热身练习。第一题意图：让学生熟悉精听课文中要出现的新词语；第二题意图：了解精听课文中的五个句式，其中有的是复习《读写》中出现的句式。
4. 每课最后一般都设有"听和练"，选用了与课文内容相关的习语、俗语或成语一句。意在使学生更多地了解汉语，了解汉语里的中国文化。供教师根据学生实际选用。条件好的班级，教师亦可就该句的出处、作者等做适当补充介绍。

三、编写思路

1. 选定课文内容时，主要关注了以下几方面：贴近学生的生活，使学生有兴趣听；介绍汉语词汇学习趣事；渗透中国的文化与观念；联系近年国内外大事件等等，在试用中得到了留学生的普遍欢迎。
2. 设"精听"与"泛听"，意在培养不同状态下通过听而习得语言的能力。

精听：适量新词语的学习；听懂弄清全篇内容及细节；程度较好的学生基本能复述主要内容；

泛听：难度低于精听；只听一两遍而了解课文大意；能跳跃障碍、猜生词而理解课文，培养快速获取所听内容要点的能力。

3．四个单元练习课。① 题型与HSK听力考试完全贴合，使学生了解更多汉语口语中的语言现象，如习语、俗语、套话、惯用语、熟语和成语等，这在试用中也很受留学生欢迎。 ② 设有游戏题，既可活跃课堂气氛，又能训练听力，学生非常喜欢。 ③ 关于听歌学汉语，也非常有意义。教师可根据学生实际，自行选择歌曲，听辨歌词并学唱。

编　者

2011年1月6日

目录

第 一 课	1
第 二 课	6
第 三 课	11
第 四 课	16
第 五 课	22
第 六 课	26
第 七 课	32
第 八 课	37
第 九 课	43
第 十 课	49
第十一课	53
第十二课	59
第十三课	64
第十四课	69
第十五课	75
第十六课	79
第十七课	84
第十八课	89
第十九课	95
第二十课	100
生 词 表	103

第一课

课文一 Text

旅游咨询

生词 Vocabulary

1. 咨询	zīxún	（动）	seek advice from; to consult
2. 具体	jùtǐ	（形）	concrete; specific
3. 行程	xíngchéng	（名）	route or distance of travel; journey
4. 灵活	línghuó	（形）	agile; flexible
5. 固定	gùdìng	（形/动）	fix; stable; steady
6. 再三	zàisān	（副）	again and again
7. 预定	yùdìng	（动）	book; schedule; fix in advance
8. 性价比	xìngjiàbǐ	（名）	cost performance; price ratio
9. 旺季	wàngjì	（名）	the busy season; the boom season
10. 平时	píngshí	（名）	ordinary time; usual time

11. 利润	lìrùn	(名)	a profit; gains
12. 信任	xìnrèn	(动/名)	trust in; trust; faith
13. 趁	chèn	(动)	make use of; take advantage of

练习 Exercise

一、听句子，指出新词语 Listen to the sentences and write down the new words.

1.　　　　　　　　　　2.
3.　　　　　　　　　　4.
5.　　　　　　　　　　6.
7.　　　　　　　　　　8.

二、听句子，并跟读 Listen to the sentences and read after them.

（一）1. 请问，您对旅游的形式是否有具体打算呢？
　　　2. 国庆期间，留学生们是否想去西藏旅游？

（二）1. 经过再三比较，李阳觉得欣欣旅行社最好。
　　　2. 芳子再三向服务员解释，自己忘带护照是太粗心了。

（三）1. 这家旅行社一直被广大顾客所信任。
　　　2. 我们购物时，不要被各种广告所影响。

（四）1. 因为天气的缘故，今天去香港的航班取消了。
　　　2. 丽莎觉得，大部分中国人都不胖是爱喝茶的缘故。

（五）1. 既然现在报名有优惠，那我就趁早报个名吧。
　　　2. 上海阿姨告诉芳子，小笼包要趁热吃才好吃。

第一课

三、听一段短文,选择正确答案 Listen to the paragraph, and choose the right answer.

(金大永给欣欣旅行社打电话,联系去云南旅游)

1. A. 团队旅游　　　B. 自助游　　　C. 一个人去　　　D. 和朋友去
2. A. 2400　　　　　B. 3200　　　　C. 2300　　　　　D. 3100
3. A. 价格最便宜　　B. 出行最安全　C. 性价比最高　　D. 旅游项目多
4. A. 春节期间是云南旅游的旺季　　　B. 春节期间飞机票价格上涨
   C. 酒店很难订到,价格也提高了　　 D. 春节期间游云南的人较少
5. A. 咨询去云南旅游的事情　　　　　B. 了解自助游和团队旅游的特点
   C. 想知道去云南旅游的价格　　　　D. 想报名参加去云南的自助游

四、再听一遍短文,辨别对错 Listen to the paragraph again, and judge the following sentences.

1. 春节期间是各地旅游的旺季,除了云南。　　　　　　　　　　(　　)
2. 欣欣旅行社的价格可以说是最便宜的,性价比也很高。　　　　(　　)
3. 上个月,五日丽江旅游团的价格是两千四百元。　　　　　　　(　　)
4. 如果旅游成本加大,旅行社的利润就会受到影响。　　　　　　(　　)
5. 旅行社一般主要考虑自己的利润,欣欣旅行社就是这样的。　　(　　)
6. 金大永是最后一个报名参加团队旅游的。　　　　　　　　　　(　　)

五、再听一遍,回答问题 Listen to the paragraph again, and answer the questions.

1. 自助游有什么特点?团队游呢?
2. 春节期间的云南旅游团为什么比平时贵了很多呢?

课文二（泛听）　　Text

狼来了

生词 Vocabulary

1. 可怕	kěpà	（形）	fearful; dreadful; terrible
2. 放羊	fàng yáng		graze sheep; look after sheep
3. 喊	hǎn	（动）	shout; cry out
4. 骗	piàn	（动）	cheat
5. 惊吓	jīngxià	（动）	frighten; terrify

练习 Exercise

一、听一段短文，选择正确答案　Listen to the paragraph, and choose the right answer.

1. A. 害怕鸡和鸭的动物　　B. 吃其他动物的动物
   C. 生活在中国的动物　　D. 喜欢鸡鸭羊的动物
2. A. 老人和小孩才知道的故事　　B. 村里人打狼的故事
   C. 中国人都知道的故事　　D. 一个孩子放羊的故事
3. A. 有的玩笑是不能开的　　B. 小孩不能开玩笑
   C. 开玩笑会让别人生气　　D. 开玩笑就是骗人
4. A. 因为他们听不见孩子的喊声

B. 因为孩子喊的不是"狼来了"

C. 因为他们知道羊已经被狼吃了

D. 因为没有人再相信那孩子了

二、再听一遍，回答问题 Listen to the paragraph again, and answer the questions.

1. 放羊的孩子最后说"我真后悔呀"，他后悔什么？

2. 这个故事说明了什么道理？

三、再听一遍，把"狼来了"的故事讲一遍 Listen to the paragraph again, and repeat the story.

听和练 Listen and practice

勿以恶小而为之，勿以善小而不为。

第二课

课文一 Text

骑自行车的好处

生词 Vocabulary

1. 卖关子	mài guānzi		keep people guessing
2. 标准	biāozhǔn	(名/形)	standard; standardized
3. 减肥	jiǎnféi		lose weight
4. 有效	yǒuxiào	(形)	effective; valid
5. 肌肉	jīròu	(名)	muscle
6. 心脏	xīnzàng	(名)	heart
7. 预防	yùfáng	(动/名)	prevent; prevention
8. 老化	lǎohuà	(动/名)	become old; ageing
9. 神经	shénjīng	(名)	nerve
10. 步行	bùxíng	(动/名)	walk; go on foot

11. 引起	yǐnqǐ	（动）	cause; arouse; give rise to
12. 意识	yìshí	（名）	consciousness; awareness
13. 贡献	gòngxiàn	（动/名）	contribute; contribution

练习 Exercise

一、听句子，指出新词语 Listen to the sentences and write down the new words.

1.　　　　　　　　　　2.
3.　　　　　　　　　　4.
5.　　　　　　　　　　6.
7.　　　　　　　　　　8.

二、听句子，并跟读 Listen to the sentences and read after them.

（一）1. 作为你的好朋友，我好像应该告诉你这件事情。
　　　2. 作为导游，你就应该把景点给大家介绍清楚。

（二）1. 金大永减肥有一段时间了，可是依然这么胖。
　　　2. 哥哥吃了点感冒药，可是依然觉得浑身不舒服。

（三）1. 据说，每天骑自行车，能对心脏加以保护。
　　　2. 旅游购物时，对商品的质量一定要加以注意。

（四）1. 在旅途中，既要玩儿好，同时也要吃好、住好。
　　　2. 导游不仅要讲解清楚，同时也要了解客人的需要。

（五）1. 每当我骑自行车时，就会觉得我在为环保做贡献。
　　　2. 每当哈利有空儿看电影时，总是看成龙演的电影。

三、听一段对话，选择正确答案　Listen to the paragraph, and choose the right answer.

（金大永最近为了减肥开始骑自行车上学校。一天在校门口他遇见了同学芳子。）

1. A. 骑自行车　　　B. 跑步　　　C. 游泳　　　D. 快步走
2. A. 长得很帅的　　B. 高高瘦瘦的　C. 对女孩好的　D. 喜欢运动的
3. A. 减肥、锻炼肌肉　　　　　　　B. 可以帮助消化
   C. 预防大脑老化　　　　　　　　D. 能够保护心脏
4. A. 世界各地都应拒绝汽车　　　　B. 使人们以后都骑自行车
   C. 大家都要乘坐公共汽车　　　　D. 使人们都重视环境问题

四、再听一遍对话，辨别对错　Listen to the paragraph again, and judge the following sentences.

1. 金大永有时候打的来上课有时候骑自行车。　　　　　　　（　　）
2. 金大永喜欢芳子，想成为她的男朋友。　　　　　　　　　（　　）
3. 金大永减肥有一段时间了，瘦了很多。　　　　　　　　　（　　）
4. 金大永不知道"世界无车日"是怎么回事。　　　　　　　（　　）
5. 骑自行车是出行的好选择，既环保又方便，还能健身。　　（　　）
6. 芳子觉得金大永骑自行车是想为改善环境做贡献。　　　　（　　）

五、再听一遍，回答问题　Listen to the paragraph again, and answer the questions.

1. 骑自行车对身体有哪些好处？还有什么别的好处？

2. 什么是"世界无车日"?

3. 你经常骑自行车吗?为什么?

课文二(泛听) Text

租 房 子

生词 Vocabulary

1.	正规	zhèngguī	(形)	standard; normal; proper
2.	地段	dìduàn	(名)	section of an area
3.	差异	chāyì	(名)	difference
4.	配套	pèitào	(名)	a complete set for a house
5.	齐全	qíquán	(形)	complete; all be ready

练习 Exercise

一、听一段对话,辨别对错 Listen to the paragraph again, and judge the following sentences.

1. 租房子只要找一家中介公司就没问题了。　　　　　　　(　)
2. 选择租哪套房子,最重要的是看面积大小。　　　　　　(　)
3. 房子的租金和房子所在的地段有关。　　　　　　　　　(　)
4. 房子的配套和周边的交通情况也是要考虑的。　　　　　(　)
5. 丽莎只跟中介说了她想租的房子的价格和大小。　　　　(　)

二、再听一遍，回答问题 Listen to the paragraph again, and answer the questions.

1. 丽莎正在为什么事发愁？为什么？
2. 课文中提到了哪些租房子时要注意的事情？
3. 丽莎想租什么样的房子？
4. 你来中国后，有租房子的经历吗？说来听听。

听和练 Listen and practice

有志者，事竟成。

第三课

课文一　Text

责　任

生词 Vocabulary

1. 废墟	fèixū	（名）	ruins after an earthquake
2. 惊慌	jīnghuāng	（形）	get panicky
3. 绝望	juéwàng	（形）	despair
4. 冷静	lěngjìng	（形）	calm
5. 钻	zuān	（动）	bore; make one's way into
6. 挖	wā	（动）	dig; scoop
7. 记者	jìzhě	（名）	journalist; reporter
8. 英勇	yīngyǒng	（形）	brave
9. 抗震	kàngzhèn	（动）	anti-earthquake
10. 救灾	jiù zāi	（动）	disaster relief

11. 旗手	qíshǒu	（名）	flagman
12. 开幕式	kāimùshì	（名）	the opening ceremony
13. 奥运会	Àoyùnhuì	（名）	the Olympic Games

练习 Exercise

一、听句子，指出新词语 Listen to the sentences and write down the new words.

1.　　　　　　　　　　2.
3.　　　　　　　　　　4.
5.　　　　　　　　　　6.
7.　　　　　　　　　　8.

二、听句子，并跟读 Listen to the sentences and read after them.

（一）1. 孩子们被惊慌、害怕、绝望等情绪压住了。
　　　2. 旅游的地点、时间、费用等，我们都清楚了。

（二）1. 那时候他什么都顾不上，一心只想着救人。
　　　2. 淮海路上有很多餐馆，我什么都想尝尝。

（三）1. 想不到这么好吃的菜竟然是用青蛙做成的。
　　　2. 救人随时都有生命危险，他竟然一点也不怕。

（四）1. 林浩以地震中英勇救人的行为闻名全中国。
　　　2. 雁沙村以物美价廉的海鲜而闻名，值得一去。

（五）1. 林浩被全中国人民称为"抗震救灾小英雄"。
　　　2. 广东人什么都敢吃，所以广东被称为"美食天堂"。

三、听一段短文，选择正确答案 Listen to the paragraph, and choose the right answer.

1. A. 一个一个地喊同学　　　　B. 让同学们一起读书
   C. 安慰大家"不要怕"　　　　D. 让同学们一起唱歌
2. A. 深深吸了一口气　　　　　B. 赶紧回家找爸爸妈妈
   C. 钻到水泥板下面用手挖　　D. 一边喊，一边找同学
3. A. 在回家的路上　　　　　　B. 从废墟下爬出时
   C. 在救同学的过程中　　　　D. 被压在废墟下时
4. A. 我是班长啊　　　　　　　B. 我不能只顾自己啊
   C. 我有责任啊　　　　　　　D. 我要帮助同学啊
5. A. 爱心　　　B. 同情心　　　C. 责任　　　D. 勇敢

四、再听一遍短文，辨别对错 Listen to the paragraph again, and judge the following sentences.

1. 被压在废墟下面后，林浩一开始就很冷静。（　）
2. 唱歌使大家渐渐平静下来，不那么害怕了。（　）
3. 从废墟里爬出来后，林浩赶紧去喊大人来救同学。（　）
4. 林浩救出两名同学后，因为没有力气，就不再救其他人了。（　）
5. 课文里"小手牵大手"，"小手"是指林浩，"大手"是指姚明。
（　）

五、再听一遍，回答问题 Listen to the paragraph again, and answer the questions.

1. 2008年5月12日14时28分，短短几秒，发生了什么？

2. 林浩从废墟里爬出来以后,他做了什么事情?

3. 记者问林浩什么问题?林浩的回答为什么深深感动了记者?

4. 林浩和姚明小手牵大手,一起出现在哪里?

课文二(泛听) Text

猜 心 思

生词 Vocabulary

1. 不可思议	bù kě sīyì		incredible
2. 本领	běnlǐng	(名)	abilities; skills
3. 心思	xīnsi	(名)	thought; ideas
4. 心理	xīnlǐ	(名)	psychology; psyche; mentality
5. 哲学家	zhéxuéjiā	(名)	philosophers

练习 Exercise

一、听一段短文,辨别对错 Listen to the paragraph, and judge the following sentences.

1. 同屋买了新衣服,我总是能猜到她在哪儿买的。 ( )
2. 以前不认识的新朋友,我一般一猜就知道他多大了。 ( )
3. 我的朋友都很奇怪我为什么能猜得这么准确。 ( )
4. 我能猜出别人在想什么事情,特别是女孩子的心思。 ( )

5. 惠子觉得庄子不可能知道鱼快乐还是不快乐。（　　）

6. 如果你有心事不好意思说出来，别人早晚是可以猜出来的。（　　）

二、再听一遍，回答问题　Listen to the paragraph again, and answer the questions.

1. 短文中的"我"有什么本领？

2. 庄子和惠子的故事说明了什么？

3. 当你有心事的时候，你一般会怎么做？

听和练　Listen and practice

天下兴亡，匹夫有责。

第四课

课文一　Text

不一样的幸福

生词　Vocabulary

1.	机关	jīguān	(名)	office; organ
2.	失业	shīyè	(动)	lose employment; lose job
3.	自豪	zìháo	(形)	proud of
4.	优秀	yōuxiù	(形)	excellent; very good
5.	分享	fēnxiǎng	(动)	share; partake
6.	喜悦	xǐyuè	(名)	gladness
7.	足够	zúgòu	(形)	enough; content with one's lot
8.	抱怨	bàoyuàn	(动)	complain
9.	难得	nándé	(形)	seldom; hard to come by; rare
10.	出差	chūchāi	(动)	be on a business trip

11. 看望	kànwàng	（动）	call on; visit
12. 乞丐	qǐgài	（名）	beggar
13. 大富大贵	dà fù dà guì		with riches and honor or wealth and rank

练习 Exercise

一、听句子，指出新词语 Listen to the sentences and write down the new words.

1.　　　　　　　　　　2.
3.　　　　　　　　　　4.
5.　　　　　　　　　　6.
7.　　　　　　　　　　8.

二、听句子，并跟读 Listen to the sentences and read after them.

（一）1. 在这座小城里，无论是哪条街，都非常热闹。
　　　2. 在妈妈的眼中，无论孩子有没有工作，都是最好的。

（二）1. 她不再称赞出国的女儿，而是抱怨她三年不回家。
　　　2. 他不再天天去韩国餐厅了，而是喜欢上了中国菜。

（三）1. 我不但找到了喜欢的工作，而且做得很成功。
　　　2. 丽莎不但积极参加唱歌比赛，而且还得了奖。

（四）1. 哈利说自己是路过，其实他是特意来找金大永的。
　　　2. 说是一份工作，其实一个月赚不了多少钱。

（五）1. 女孩子都觉得逛街是一种享受，不一定要买东西。
　　　2. 在网上名叫"小丽"的，生活中不一定就是个女孩。

三、听一段短文,选择正确答案 Listen to the paragraph, and choose the right answer.

1. A. 第一位母亲　　　　　　B. 第二位母亲
   C. 第三位母亲　　　　　　D. 三位母亲

2. A. 她很失望,因为自己的女儿没有工作
   B. 她觉得自己没有前两位母亲那样幸福
   C. 她觉得自己有和前两位母亲不一样的幸福
   D. 前两位母亲对女儿的称赞让她觉得难受

3. A. 她觉得每个人的幸福不一样,幸福就是一种感觉
   B. 她觉得,女儿找到喜欢的工作很值得骄傲
   C. 她一直认为,自己的女儿是非常优秀的
   D. 她的女儿经常回家看她,她觉得很幸福

4. A. 孩子大富大贵,以后会有很多钱,很幸福
   B. 孩子能出国或者进机关工作,各方面很优秀
   C. 孩子找到了自己喜欢的工作,很满足、快乐
   D. 经常见到孩子,看到孩子平安、健康、快乐

四、再听一遍短文,辨别对错 Listen to the paragraph again, and judge the following sentences.

1. 一开始,前两位母亲都觉得自己的女儿很优秀,因此很自豪。　(　　)

2. 一开始,第三位母亲的女儿有一份不太好的工作。　(　　)

3. 后来,第一位母亲不再称赞女儿了,因为3年里她几乎见不到女儿。
   (　　)

4. 第三位母亲常常面带微笑,因为她能经常见到女儿,觉得很幸福。
   (　　)

5. 幸福是一种感觉，可是乞丐是没有幸福的。　　　（　　）

6. 父母都希望孩子将来能大富大贵。　　　　　　　（　　）

五、再听一遍，复述课文　Listen to the paragraph again, and retell the text.

关键词语：失业　自豪　优秀　　分享　喜悦　难受
　　　　　抱怨　盼　腰酸背疼　幸福　满足　出差
　　　　　看望　感觉　大富大贵　平安　健康　快乐

课文二（泛听）　　　　Text

不看病只吃药的人

生词　Vocabulary

1. 治疗　zhìliáo　（名/动）　treatment; treat; cure

2. 症状　zhèngzhuàng　（名）　symptom; condition

3. 对照　duìzhào　（动）　contrast

4. 提醒　tíxǐng　（动）　remind; warn

5. 后果　hòuguǒ　（名）　consequences

中级听力 I

练习 Exercise

一、听一段短文，选择正确答案 Listen to the paragraph, and choose the right answer.

1. A. 生病时间长了，就变成了医生
   B. 一个人长时间做医生就生不成病了
   C. 因为人会生病，所以需要医生
   D. 病的时间长了，会明白一些医学道理

2. A. 在电影院里，按票上的号找座位
   B. 把自己的病情和广告上对照
   C. 看病的人都在有号码的座位等候
   D. 去药店买广告上介绍的药

3. A. 站在马路上听别人说的话
   B. 说一说马路上的情况
   C. 听别人说的没有根据的话
   D. 在路上听别人说笑话

4. A. 凭自己的经验去药店买药吃
   B. 去药店买广告上介绍的药来吃
   C. 听朋友或者同事的建议买药
   D. 去医院看病，听医生的建议

二、再听一遍，回答问题 Listen to the paragraph again, and answer the questions.

1. 为什么现在人们生了病不常去医院？

2. 如果你生病了，你会怎么办？直接去医院看病还是去药店买药吃？

3. 你去药店买药，觉得自己属于短文中的哪一种人？

听和练 Listen and practice

耳听为虚，眼见为实。

第五课

单元练习一 Exercises one

一、听下列句子，选择正确答案 Listen to the sentences and choose the correct answers.

1. A. 听妈妈说话　　　　　B. 练习绘画
   C. 关电视　　　　　　　D. 看电视
2. A. 讨厌　　　　　　　　B. 着急
   C. 生气　　　　　　　　D. 不在乎
3. A. 这次旅游很开心　　　B. 这次旅游很辛苦
   C. 这次旅游花钱多　　　D. 旅游买纪念品不好
4. A. 这个电影很吸引人　　B. 爸爸很想看这个电影
   C. 爸爸看过这个电影　　D. 爸爸对这个电影不感兴趣
5. A. 物有所值　　　　　　B. 外形美观
   C. 价钱合适　　　　　　D. 深受欢迎
6. A. 老刘不应该给别人看病　B. 老刘的"经验"靠不住
   C. 老刘不应该自己开药　　D. 老刘看病的水平还可以

7. A. 琳琳太小，不会做事   B. 他称赞琳琳会做事
   C. 琳琳已经不是小孩了   D. 琳琳做事粗心大意

8. A. 佩服   B. 怀疑
   C. 责怪   D. 称赞

9. A. 工作能力强   B. 会唱歌跳舞
   C. 又高又瘦的   D. 长得很不错

10. A. 激动   B. 感动
    C. 反常   D. 得意

二、听下列对话，并选择正确答案 Listen to the conversations and choose the correct answers.

1. A. 玛丽说话很好听   B. 你要相信玛丽的话
   C. 玛丽的话是骗人的   D. 你不要依靠玛丽

2. A. 办事很慢很马虎   B. 办事速度很快
   C. 光说大话不做事情   D. 办事很果断，很诚实

3. A. 雨再下大就不去了   B. 虽然雨很大但也要去
   C. 昨天说好了下雨去的   D. 下大雨了，换个时间去

4. A. 一位男士家中   B. 说话人的家里
   C. 房屋中介公司   D. 去找房的路上

5. A. 同意   B. 不满意
   C. 称赞   D. 不相信

6. A. 男的很相信广告   B. 广告全都不可靠
   C. 女的病了想买药   D. 女的更相信医生

7. A. 这儿的东西便宜   B. 女的不知道怎么样
   C. 别的地方东西便宜   D. 请男的再比较比较

8. A. 妈妈和儿子   B. 丈夫和妻子
   C. 爸爸和女儿   D. 爷爷和孙女

9. A. 身体条件   B. 工作能力
   C. 专业知识   D. 英语水平

10. A. 张路成绩好是因为他很勤奋
    B. 张路是天才，成绩好，不奇怪
    C. 为什么天才都很勤奋呢
    D. 我知道张路为什么那么勤奋了

三、听和做——猜字游戏 Listen and practice: guessing the words.

请听老师说，然后猜一个汉字。

1.   2.   3.   4.   5.   6.

四、听两遍录音，然后选择正确答案 Listen twice and choose the correct answers.

(1-3题是根据下面这段话)

1. A. 杯、瓶、条、个   B. 张、瓶、个、包
   C. 条、张、瓶、只   D. 面、杯、张、条

2. A. 注意方法有益处   B. 最有趣也最头疼
   C. 学得越多就越难   D. 学会容易记住难

3. A. 你说的是什么啊   B. 我怎么没听说过啊
   C. 你怎么这么说啊   D. 哪儿能这么用啊

(4-7题是根据下面这段话)

4. A. 一个北京奥运会冠军   B. 一个18岁获得奥运冠军的人
   C. 世界上游泳最快的人   D. 一位世界最有名的女运动员

5. A. 奥运比赛中一直游得最快   B. 19岁打破了世界纪录
   C. 学游泳一年后获得冠军   D. 从小离开家去学游泳

6. A. 七岁开始学习游泳　　　　　　B. 十二岁开始参加比赛
　　C. 一直参加训练，不怕苦　　　　D. 爱读书，爱穿运动服
7. A. 她想和别的女孩不一样　　　　B. 她想多花时间练习游泳
　　C. 她一直没有时间去买　　　　　D. 她没有钱买手机、电脑

（8-10题是根据下面这段话）

8. A. 他以前没有钱出国旅游　　　　B. 他住在一家不错的酒店
　　C. 他的旅游生活令他兴奋　　　　D. 他对学英语非常感兴趣
9. A. 他觉得自己很丢人　　　　　　B. 服务员每天来他房间
　　C. 他听不懂服务员的话　　　　　D. 服务员老问他的名字
10. A. 人与人之间会互相影响　　　　B. 不懂英语出国很丢人
　　 C. 服务员不必每天问好　　　　　D. 出国旅游能学会英语

第六课

课文一 Text

中国人的口味

生词 Vocabulary

1. 规律	guīlǜ	(名)	a law; a regular pattern
2. 概括	gàikuò	(动)	summarize; generalize
3. 地理	dìlǐ	(名)	geography
4. 甘蔗	gānzhè	(名)	sugarcane
5. 形成	xíngchéng	(动)	form; come into being
6. 代替	dàitì	(动)	replace; substitute
7. 调节	tiáojié	(动)	regulate; adjust
8. 潮湿	cháoshī	(形)	wet; humid
9. 祛除	qūchú	(动)	get rid of; drive out
10. 寒	hán	(形/名)	cold

11. 开胃	kāiwèi	（动）	appetizing
12. 软化	ruǎnhuà	（动）	soften
13. 明显	míngxiǎn	（形）	clear; obvious; apparent

专名 Proper noun

| 黄土高原 | Huángtǔ Gāoyuán | loess plateau |

（世界最大的黄土高原。在中国中部偏北，跨山西、陕西等六省区，面积约40万平方公里，海拔 1,000—1,500 公尺。高原大部覆盖深厚的黄土层。）

练习 Exercise

一、听句子，指出新词语 Listen to the sentences and write down the new words.

1.　　　　　　　　2.
3.　　　　　　　　4.
5.　　　　　　　　6.
7.　　　　　　　　8.

二、听句子，并跟读 Listen to the sentences and read after them.

（一）1. "南甜北咸"反映了人们的口味与地理环境有关。
　　　2. 餐厅的生意好坏与服务员的服务水平有关。

（二）1. 南方人爱吃甜的，最出名的要算苏州、无锡和上海人了。
　　　2. 中国最南边的海南岛，应该算是夏天最热的地方了。

（三）1. 吃辣椒能够全身出汗，有利于排毒，从而少生病。
   2. 导游的服务热情周到，从而得到了顾客的好评。

（四）1. 据短文中介绍，醋对于山西人来说显得非常重要。
   2. 她今天看起来显得特别没精神，一定是身体不舒服。

（五）1. 山西人最能吃醋，饭前都要通过喝三勺醋来开胃。
   2. 饭店通过服务员对菜肴的介绍来帮助顾客点菜。

三、听一段短文，选择正确答案 Listen to the paragraph, and choose the right answer.

1. A. 南方适合生产甘蔗，糖多   B. 南方气候好，温暖舒适
   C. 糖是做菜必需的原料   D. 在南方，糖的种类很多
2. A. 北方气候很干燥   B. 北方人觉得咸的更好吃
   C. 北方蔬菜种类少   D. 过去北方糖很缺少
3. A. 有利于消化   B. 让人出汗、除湿寒
   C. 让人不生病   D. 能改变潮湿的气候
4. A. 吃醋可以全身出汗   B. 饭前喝醋可以开胃
   C. 吃醋可以预防疾病   D. 醋可以软化水土

四、再听一遍短文，辨别对错 Listen to the paragraph again, and judge the following sentences.

1. 苏州、无锡、上海人喜欢吃甜食是很有名的。　　　　　（　）
2. 山西人喜欢吃酸的，吃饭前，经常都会喝醋。　　　　　（　）
3. 北方现在不缺糖，喜欢吃咸的口味是很容易改变的。　　（　）
4. 南甜北咸、东辣西酸反映了人们的口味与地理环境有关。（　）

5. 虽然社会发展了，但是酸甜咸辣的地区口味差异更明显了。（　　）

6. 短文中说"四川人辣不怕、湖南人怕不辣、贵州人不怕辣。"（　　）

五、复述短文主要内容　Retell the main content of the passage.

地区	口味	形成原因
南方		
北方		
东部		
西部		

六、再听一遍，回答问题　Listen to the paragraph again, and answer the questions.

课文二（泛听）　　Text

如此热情

生词　Vocabulary

1. 规矩	guīju	（名）	rules
2. 疑惑	yíhuò	（动）	doubt
3. 苦笑	kǔxiào	（动）	forced smile; bitter smile
4. 匆匆	cōngcōng	（副）	hurriedly
5. 结账	jié zhàng	（动）	pay the bill

专名　Proper noun

酒酿圆子	Jiǔniàng Yuánzi	Boiled Glutinous Rice Balls in Fermented Glutinous Rice

（一种南方小吃，用糯米粉做成小圆子与酒酿同煮而成，味道香甜，属甜汤类。）

练习　Exercise

一、听一段短文，辨别对错　Listen to the dialogues, and judge the following sentences.

1. 这位外宾很了解吃中餐的规矩。　　　　　　　　　　　　　　（　　）

2. 汤一端上来外宾就喝了两口,他喜欢喝很烫的汤。　　　(　　)

3. 外宾拿出一支香烟是为了让服务员给他点烟。　　　　(　　)

4. 李先生和外宾对这个服务员的服务很满意,吃得很好。　(　　)

5. 李先生和外宾都有点受不了这个热情的服务员。　　　(　　)

6. 服务员应该根据顾客的需要来服务,太热情了未必受欢迎。(　　)

二、再听一遍,回答问题　Listen to the paragraph again, and answer the questions.

1. 女服务员为外宾进行了哪些服务?

2. 标题"如此热情"是什么意思?

3. 那位外宾为什么会头上冒汗?人一般在什么情况下会头上冒汗?

4. 你遇到过这样热情的服务员吗?如果遇到这样的服务员,你会怎么做?

听和练　Listen and practice

己所不欲,勿施于人。

第七课

课文一　Text

中国的酒桌文化

生词　Vocabulary

1.	好客	hàokè	(形)	keep open house; hospitable
2.	表现	biǎoxiàn	(动)	behave; show
3.	敬酒	jìng jiǔ		propose a toast
4.	酒席	jiǔxí	(名)	a formal banquet
5.	盛情	shèngqíng	(名)	great kindness or hospitality
6.	干杯	gān bēi	(动)	cheers; bottles up
7.	口才	kǒucái	(名)	eloquence; oratorical ability
8.	舔	tiǎn	(动)	lick
9.	灌醉	guànzuì		get others drunk
10.	陋习	lòuxí	(名)	corrupt customs; bad habits

11. 酒精	jiǔjīng	（名）	alcohol
12. 含量	hánliàng	（名）	content
13. 气氛	qìfēn	（名）	an atmosphere; a mood

练习 Exercise

一、听句子，指出新词语 Listen to the sentences and write down the new words.

1.　　　　　　　　　　2.
3.　　　　　　　　　　4.
5.　　　　　　　　　　6.
7.　　　　　　　　　　8.

二、听句子，并跟读 Listen to the sentences and read after them.

（一）1. 只要父母身体健康生活愉快，我就满足了。
2. 在旅游中，只要精打细算，就可以节约不少钱。

（二）1. 你身体不好，说到底是因为你不爱运动。
2. 中国人之所以爱喝白酒，说到底还是因为爱热闹。

（三）1. 我现在很累，连电视都不想看，更别提逛街了。
2. 奥运会开幕式都这么精彩，更别提那些比赛了！

（四）1. 是富人也好，是乞丐也好，都会有自己的幸福。
2. 你信也好，不信也好，我是骑自行车去苏州的。

（五）1. 人多一些不是更好吗？反正我们要的就是热闹。
2. 说这话的，可能是小张，可能是小王，反正不是我。

三、听一段短文，选择正确答案 Listen to the paragraph, and choose the right answer.

1. A. 中国人很喜欢交朋友 　　　　B. 在酒桌上怎样敬酒
   C. 白酒酒精含量很高　　　　　　D. 中国人喝酒的文化

2. A. 主人感谢客人的光临，先干为敬
   B. 第一次敬酒，客人不用一口喝完
   C. 主人、客人互相敬酒，开始了口才表演
   D. 主人敬酒，客人找出种种不喝酒的理由

3. A. 互相敬酒　　　　　　　　　　B. 把人灌醉
   C. 酒席上交朋友　　　　　　　　D. 热闹的气氛

4. A. 在酒桌上，中国人往往会充分表现自己的热情好客
   B. 在中国，一桌酒喝完，主人与客人一定能成为朋友
   C. 在喝酒的过程中，你可能会听到一些有趣的敬酒语
   D. 敬酒不宜太多，多了容易让人醉，喝醉了就伤身体了

5. A. 因为白酒非常好喝　　　　　　B. 因为中国人喜欢交朋友
   C. 因为中国人爱热闹　　　　　　D. 因为白酒酒精含量高

四、再听一遍短文，辨别对错 Listen to the paragraph again, and judge the following sentences.

1. 中国人敬酒时，如果客人喝得很少，主人会很开心。（　　）
2. 我们都很希望喝酒能喝出感情，能喝出友谊来。（　　）
3. 酒桌上，要是能把人灌醉是一件值得高兴的事情。（　　）
4. 中国人只喜欢喝白酒，因为酒精含量高的酒好喝。（　　）
5. "一人不喝酒"的意思是：一个人喝酒不热闹，不如不喝。（　　）

五、再听一遍，回答问题 Listen to the paragraph again, and answer the questions.

1. 中国人为什么希望客人多喝一点酒？
2. 酒席开始，主人第一次敬酒的情况是什么样的？
3. 敬酒时最要不得的是什么？为什么？
4. 说一说："感情深，一口闷；感情浅，舔一舔"是什么意思？
5. 中国人最喜欢喝的是白酒，为什么？

课文二（泛听） Text

品 酒

生词 Vocabulary

1. 礼仪	lǐyí	（名）	etiquette; protocol
2. 品味	pǐnwèi	（动）	taste; savour
3. 悠闲	yōuxián	（形）	leisurely and carefree
4. 节奏	jiézòu	（名）	rhythm; tempo
5. 化解	huàjiě	（动）	resolve; eliminate

练习 Exercise

一、听一段短文，选择正确答案 Listen to the paragraph, and choose the right answer.

1. A. 中国的酒桌文化　　　　　　　B. 西方的喝酒礼仪
   C. "cheers"是什么意思　　　　　D. "cheers"与"干杯"
2. A. 它是来自东方的喝酒礼仪　　　B. 它是"一口喝光"的意思
   C. 把它翻译成中文是"干杯"　　　D. 它和"干杯"的含义相同
3. A. "品"是细细品味、慢慢享受的意思
   B. 在酒桌上，中国人品的不光是酒还有菜
   C. 西方的酒会上，他们品味的是酒
   D. 品酒有很多乐趣，节奏快，要的就是热闹
4. A. 中西方的酒文化是一样的　　　B. 两者各有长短，最好互补
   C. 在西方也经常有人干杯　　　　D. 两种酒文化都非常热闹

二、再听一遍，回答问题 Listen to the paragraph again, and answer the questions.

1. 英文cheers与中文"干杯"各是什么意思？
2. "品"字在中西方的酒文化中的含义有什么不同？
3. 你觉得"工作中的问题在酒杯中的化解"是什么意思？
4. 你喜欢喝酒吗？常喝什么酒？你喜欢"品"还是"干"？
5. 你在中国有过"干杯"的经历吗？你觉得怎么样？

听和练 Listen and practice

入境问禁，入乡随俗。

第八课

课文一　Text

人生三问

生词 Vocabulary

1.	高峰	gāofēng	（名）	peak; summit
2.	柴火	cháihuo	（名）	firewood
3.	茶壶	cháhú	（名）	a tea-pot; kettle
4.	佩服	pèifu	（动）	admire
5.	屠龙	tú lóng		kill a dragon
6.	英雄	yīngxióng	（名）	hero
7.	一辈子	yíbèizi	（名）	(for) a lifetime
8.	学问	xuéwèn	（名）	knowledge; learning
9.	创新	chuàngxīn	（动）	innovate; bring forth new ideas
10.	脱离	tuōlí	（动）	break away from

| 11. 实际 | shíjì | （名） | reality; practice |
| 12. 生命 | shēngmìng | （名） | life |

专名 Proper noun

| 珠穆朗玛峰 | Zhūmùlǎngmǎ Fēng | Mount Qomolangma |

（中国山峰名，在西藏，是世界最高山峰）

练习 Exercise

一、听句子，指出新词语 Listen to the sentences and write down the new words.

1.　　　　　　　　　　2.
3.　　　　　　　　　　4.
5.　　　　　　　　　　6.
7.　　　　　　　　　　8.

二、听句子，并跟读 Listen to the sentences and read after them.

（一）1. 听完了老师的问题，同学们纷纷议论起来。
　　　2. 除夕夜，人们纷纷放起了鞭炮，迎接新的一年。

（二）1. 原来，中国人过端午节是为了纪念一位诗人。
　　　2. 原来老师是在告诉我们一个做人的道理。

（三）1. 那个人不仅成功了，后来还成了大英雄。
　　　2. 这儿不仅有中式饭店，还有很多西式饭店。

（四）1. 我不能保证一定成功，但我会尽量争取的。

2. 为吸引游客，我们把门票价格尽量降到最低。

（五）1. 冬天出游时，要带足防寒用品，以免受冻。

2. 要学习对社会有用的知识，以免浪费宝贵的时间。

三、听一段短文，选择正确答案　Listen to the paragraph, and choose the right answer.

1. A. 第一个问题对我们来说很简单
   B. 第二个问题教我们怎样做事
   C. 同学们对第三个问题没兴趣
   D. 三个问题同学们都回答错了

2. A. 第二名没有第一名好　　　　　B. 做不了第一名就做第二名
   C. 做人就应该像一座山峰　　　　D. 做人要力求出色，争取第一

3. A. 做事应该听大家意见　　　　　B. 做事应该听不同意见
   C. 做事方法应该灵活　　　　　　D. 做事态度应该认真

4. A. 自己没有老师那么聪明　　　　B. 老师的答案具有创新性
   C. 自己的答案没有老师的好　　　D. 老师的答案总是对的

5. A. 做学问应该多学多问　　　　　B. 做学问要学别人不学的
   C. 做学问应该勤学苦练　　　　　D. 做学问要对社会有用

四、再听一遍短文，辨别对错　Listen to the paragraph again, and judge the following sentences.

1. 短文告诉我们，珠穆朗玛峰是世界第二高峰。　　　　　　（　）
2. 老师认为，"第二名"等于"无名"。　　　　　　　　　　（　）
3. 第二道题，同学们的答案是：把茶壶里的水倒掉一些。　　（　）

4. 学屠龙的人不会成为英雄,因为世界上根本就没有龙。　　(　　)
5. 老师和我们讨论了三个问题,就是为了告诉我们做学问的道理。(　　)

五、再听一遍,根据课文填空并连线,然后复述课文 Listen to the paragraph again, and fill in the blanks before match each question and its answer, and then retell the text.

第一个问题	学成屠龙技术会怎么样?	做学问	要 ＿＿＿＿, 不要 ＿＿＿＿。
第二个问题	点好火,柴火不够怎么办?	做人	要 ＿＿＿＿。
第三个问题	世界第二高峰是哪座山?	做事	要 ＿＿＿＿, 不要 ＿＿＿＿。

课文二(泛听)　　Text

逆向思维

生词 Vocabulary

1. 逆向	nìxiàng	(名/形)	the opposite direction; reversal
2. 思维	sīwéi	(名)	thinking; thought
3. 洞	dòng	(名)	hole
4. 相反	xiāngfǎn	(形)	opposite
5. 开导	kāidǎo	(动)	bring (a person) to reason

专名 Proper noun

鱼尾裙   yúwěiqún   fishtail skirt

（指一种裙子，样子像鱼尾巴）

练习 Exercise

一、听一段短文，选择正确答案 Listen to the paragraph, and choose the right answer.

1. A. 他决定想办法把洞补起来再卖
   B. 就这样卖，卖给粗心的顾客
   C. 洞很难补，所以他决定不卖了
   D. 在裙子上挖更多洞，改造后卖

2. A. 裙子着火了   B. 裙子很漂亮
   C. 裙子很好卖   D. 商店出名了

3. A. 可以解决任何的问题   B. 可以获得事业上的成功
   C. 可以减少生活中的烦恼   D. 可以让我们想出好主意

4. A. 故事里的大儿子是卖雨伞的，小儿子做染布的生意
   B. 一开始，王妈妈雨天为小儿子担心，晴天为大儿子担心
   C. 后来，王妈妈想，雨天伞好卖，晴天布能干，心情就好了
   D. 王妈妈靠逆向思维想出了一个好办法，减少了生活中的烦恼

二、再听一遍，回答问题 Listen to the paragraph again, and answer the questions.

1. 衣服店经理怎么会想出改制鱼尾裙的办法的呢？

2. 什么是"逆向思维"？

3. "课文一"的三个问题中，有没有用到"逆向思维"？

听和练　Listen and practice

有理走遍天下，无理寸步难行。

第九课

课文一 Text

生命的奥运

生词 Vocabulary

1. 奥运	Àoyùn	(名)	short for Olympic Games
2. 赛场	sàichǎng	(名)	court or arena for sports competitions
3. 癌症	áizhèng	(名)	cancer
4. 患者	huànzhě	(名)	patient
5. 康复	kāngfù	(动/名)	recover; health recovery
6. 俱乐部	jùlèbù	(名)	club
7. 痊愈	quányù	(动/名)	be fully recovered from an illness
8. 存	cún	(动)	store (money, food, water, goods, etc.)
9. 在于	zàiyú	(动)	lie in
10. 病情	bìngqíng	(名)	patient's condition

11. 加重	jiāzhòng	（动）	get worse
12. 志愿者	zhìyuànzhě	（名）	volunteers
13. 冠军	guànjūn	（名）	champion; first-prize winner

练习 Exercise

一、听句子，指出新词语 Listen to the sentences and write down the new words.

1.　　　　　　　　　　2.
3.　　　　　　　　　　4.
5.　　　　　　　　　　6.
7.　　　　　　　　　　8.

二、听句子，并跟读 Listen to the sentences and read after them.

（一）1. 如果病人能再活五年，不就有了活下去的希望了吗？
　　　2. 来中国学习汉语，不就是为了学得更快更好吗？

（二）1. 他们存钱的意义在于存入生命的希望和信心。
　　　2. 你迟到的原因不在于堵车，而在于你出门太晚。

（三）1. 癌症患者觉得，不管多么痛苦也得坚持活下去。
　　　2. 云南太美丽了，不管多忙我也会抽时间去看看的。

（四）1. 医生说他最多再活6个月，可是他居然活了五年。
　　　2. 别看他是外国人，卡拉ok厅里的中国歌他居然都会唱。

（五）1. 奶奶说，即使她不能走路了，也要推她去看奥运。
　　　2. 即使没有获得奥运会奖牌的运动员，也应该受到尊敬。

三、听一段短文，选择正确答案　Listen to the paragraph, and choose the right answer.

1. A. 北京奥运会上有很多故事
   B. 癌症要痊愈是很困难的事
   C. 关于癌症患者康复的故事
   D. 跟生命赛跑的感人故事

2. A. 存足够的钱才可以治好癌症
   B. 一些癌症患者参加了奥运比赛
   C. 北京在2008年举行了奥运会
   D. 1800多名癌症患者北京看奥运

3. A. 给癌症患者生命的希望和信心的活动
   B. 鼓励癌症病人每天存2元钱的活动
   C. 组织癌症病友去北京为奥运加油的活动
   D. 争取健康人支持帮助癌症患者的活动

4. A. 因为五年才能存够去北京的车费
   B. 因为活过五年癌症就基本痊愈了
   C. 因为在医学上五年就能治好癌症
   D. 因为五年以后北京才举行奥运会

5. A. 14岁的小患者把自己存的钱给病友，让他们继续下去
   B. 患病的妈妈放弃了，儿子替她存钱，鼓励她坚持到底
   C. 在医学上，癌症患者如果能活过五年，就被认为是痊愈了
   D. 七十岁的老伯伯不相信只能活6个月，坚强地与病痛作斗争

四、再听一遍对话，辨别对错　Listen to the pdialogues again, and judge the following sentences.

1. 这个活动给了癌症患者战胜疾病的勇气和力量。　　　　　　　　(　　)

2. 他们看病的钱都花完了,所以坚持每天存钱,继续看病。（ ）
3. 14岁的肖琨不想坚持了,99天后他把存的钱给了病友。（ ）
4. 癌症患者得到了奥运会门票,是两家大公司提供的。（ ）
5. 癌症患者们也像运动员赢得了奥运会冠军一样,开心地笑了。（ ）
6. 不管是运动员还是病人,实现目标的希望和信心都同样重要。（ ）

五、再听一遍,回答问题　Listen to the paragraph again, and answer the questions.

1. 你觉得标题"生命的奥运"是什么意思?
2. 短文中最让你感动的是什么?
3. 你怎么看"健康活五年,北京看奥运"的活动?
4. 要想战胜困难、取得成功,什么是最重要的?

课文二（泛听）　Text

中国应该有体育节吗?

生词　Vocabulary

1. 项目	xiàngmù	(名)	item; project
2. 过节	guò jié	(动)	celebrate a festival
3. 设立	shèlì	(动)	establish
4. 响应	xiǎngyìng	(动)	respond
5. 发挥	fāhuī	(动)	bring into play; strengthen the role of

练习 Exercise

一、听一段对话，选择正确答案　Listen to the paragraph, and choose the right answer.

（2008年8月，北京正在举行第29届奥运会。李阳和同学王兰都是赛场志愿者，两人都在回学校的车上。）

1. A. 他是奥运会志愿者
   B. 他今天比赛项目不多
   C. 他非常忙，很累很热
   D. 他觉得运动员比他辛苦

2. A. 她是奥运村的志愿者
   B. 她每天的工作都非常忙
   C. 她觉得每个运动员都很棒
   D. 观众的表现让她很热情

3. A. 关于中国的传统节日
   B. 关于一个网友的建议
   C. 中国体育节应该是几月几号
   D. 奥运会在中国是节日

4. A. 为了在8月8日有一个节日
   B. 为了纪念北京首次举行奥运会
   C. 为了让中国人少吃药多健身
   D. 可以开展一天全民体育活动

5. A. 开奥运会的日子让人们像过节一样开心
   B. 网友建议设立体育节、卫生节、文化节等节日
   C. 网友关于设立中国体育节的建议得到了一致赞成
   D. 对于生病的人来说，体育比医生和药品更有效

二、再听一遍，复述主要内容 Listen to the paragraph again, and retell the text.

关键词语：

奥运会　赛场　志愿者　辛苦　了不起　网友　建议

设立　体育节　纪念　响应　支持　全民健身

不同意　不算少　发挥……的作用　传统节日

三、听后讨论 Disscuss after the listening

听和练 Listen and practice

精诚所至，金石为开。

第十课

单元练习二　Exercises two

一、听下列句子，选择正确答案　Listen to the sentences and choose the correct answers.

1. A. 广东厨师爱吃癞蛤蟆　　B. 广东厨师会做很多菜
   C. 广东厨师做菜本事大　　D. 广东厨师做菜非常快

2. A. 批评　　　B. 鼓励　　　C. 同意　　　D. 惊讶

3. A. 病人的病十分严重　　　B. 病人对治疗很不放心
   C. 说话人在安慰病人　　　D. 说话人治病很有把握

4. A. 经常吸烟喝酒对身体没有好处
   B. 吸烟不好，偶尔喝点儿酒还是可以的
   C. 偶尔吸烟喝酒对身体没有害处
   D. 经常喝酒不好，偶尔吸烟是可以的

5. A. 大小不合适　　　　　　B. 样式太老了
   C. 不适合自己　　　　　　D. 价钱有点贵

6. A. 露一手　　B. 有把握　　C. 闹笑话　　D. 没想到

7. A. 很满意　　B. 很同情　　C. 很喜欢　　D. 很生气

8. A. 卫生条件改善了，变干净了
   B. 饭菜不好吃，看着就没有胃口
   C. 服务态度不热情，服务不周到
   D. 吃饭环境变得又漂亮又优美

9. A. 说话人的孩子想减肥   B. 说话人的爱人想减肥
   C. 减肥是一件困难的事   D. 跟人急对减肥有好处

10. A. 不小心   B. 故意   C. 出洋相   D. 粗心

二、听下列对话，并选择正确答案　Listen to the conversations and choose the correct answers.

1. A. 找不到工作很正常   B. 找不找工作无所谓
   C. 女的用不着找工作   D. 鼓励她继续找工作

2. A. 男的说得很对   B. 男的说得不对
   C. 她要补充一些   D. 男的说得太简单

3. A. 火车站售票处   B. 机场大厅入口处
   C. 奥运赛场入口处   D. 停车场入口处

4. A. 身材不错   B. 家里有钱
   C. 性格很好   D. 知识丰富

5. A. 有八句不准确   B. 翻译得很准确
   C. 差不多都正确   D. 翻译得很不好

6. A. 心里非常佩服小方   B. 小方很令人讨厌
   C. 小方没什么了不起   D. 小方一直很奇怪

7. A. 小李马上就当记者了   B. 小李不想当记者
   C. 小李不一定能当记者   D. 小李还没当记者

8. A. 大学同班同学   B. 恋人
   C. 服务员与顾客   D. 医生与病人

9. A. 李娜   B. 赵刚   C. 马玲   D. 赵霞

10. A. 李强一定能拿冠军　　　　　B. 李强赛前忽然病了
　　C. 李强带病参加比赛　　　　　D. 大家对李强不抱希望

三、听和做——词语接龙　Listen and practice: guessing the words.

教师先说一个词语，请学生用这个词语的最后一个字，或者是这个字的同音字作为下一个词语的开头字，说一个新词语。依次进行，速度要快。

四、听两遍录音，然后选择正确答案　Listen twice and choose the correct answers.

（1-3题是根据下面这段话）

1. A. 王先生的约会时间　　　　　B. 男的很了解父亲
　　C. 男的劝女的放弃采访　　　　D. 女的应该采访什么人
2. A. 只有到了黄河才会放心　　　B. 只有到了黄河才能游泳
　　C. 只有自己努力了，才不会后悔　D. 只有自己亲自做，才不会后悔
3. A. 父亲关心儿子的爱好　　　　B. 最了解儿子的是父亲
　　C. 儿子特别关心父亲　　　　　D. 最了解父亲的是儿子

（4-7题是根据下面这段话）

4. A. 准备去打工　　　　　　　　B. 好好复习功课
　　C. 好好休息休息　　　　　　　D. 跟同学去旅游
5. A. 老师　　　B. 经理　　　C. 售货员　　　D. 不知道
6. A. 她很激动,觉得自己长大了,能挣钱了
　　B. 她给父母讲顾客买东西时的不同心情
　　C. 她说头疼、腰疼，知道挣钱不容易
　　D. 她说以后要当老板，挣很多很多钱
7. A. 让父母高兴　　　　　　　　B. 让别人羡慕

C. 能了解顾客　　　　　　　D. 能挣很多钱

(8-10题是根据下面这段话)

8. A. 电视　　　　B. 电台　　　　C. 报纸　　　D. 杂志
9. A. 体育节目　　　　　　　　B. 电视连续剧
　　C. 新闻及时事节目　　　　　D. 音乐及艺术节目
10. A. 专心程度　　　　　　　　B. 收看原因
　　 C. 感兴趣程度　　　　　　　D. 观看时间

第十一课

课文一 Text

我来帮你出主意吧

生词 Vocabulary

1. 出主意	chū zhǔyi			offer advice; make suggestions
2. 一向	yíxiàng	（副）		all along; always
3. 手册	shǒucè	（名）		handbook; guide book
4. 令	lìng	（动）		make; cause
5. 发愁	fāchóu	（动）		worry; be anxious; be troubled
6. 向往	xiàngwǎng	（动）		long to; look forward to
7. 犹豫不决	yóuyù bù jué			hesitate; remain undecided
8. 凡是	fánshì	（副）		every; all; whatever
9. 难怪	nánguài	（连）		no wonder
10. 瞒	mán	（动）		hide the truth from; cover up

11. 吹牛	chuī niú	（动）	boast; talk big
12. 如此	rúcǐ	（副）	such; so; in this way
13. 喽	lou	（助）	used at the end of a sentence like "了"

练习 Exercise

一、听句子，指出新词语 Listen to the sentences and write down the new words.

1.　　　　　　　　　　2.
3.　　　　　　　　　　4.
5.　　　　　　　　　　6.
7.　　　　　　　　　　8.

二、听句子，并跟读 Listen to the sentences and read after them.

（一）1. 谁都知道桂林是以美丽的山水而闻名世界的。
　　　2. 中国的长城以雄伟的建筑工程而名扬天下。

（二）1. 这么多的好地方只能选择一个，真是令人发愁啊。
　　　2. 在放假前的欢送会上，佳佳的话令大家十分感动。

（三）1. 丽莎，你用不着发愁，我来帮你出主意吧。
　　　2. 你用不着去找唐老师了，芳子会做这道题。

（四）1. 几个地方都很好，你说我到底应该去哪儿呢？
　　　2. 国庆期间，乘飞机去成都的机票到底多少钱呢？

（五）1. 凡是丽莎想去的地方，哈利都愿意陪她去。
　　　2. 凡是有中国人参加的比赛，李阳都会去观看。

三、听一段对话，选择正确答案 Listen to the paragraph, and choose the right answer.

(学院组织留学生去旅游，一个人只能去一个地方。哈利去丽莎宿舍，问她打算去哪儿)

1. A. 假期去很多地方太累　　　B. 不知道什么地方好玩儿
   C. 很难决定去哪儿旅游　　　D. 哈利不肯帮助她出主意

2. A. 因为哈利一向喜欢骗人　　B. 因为丽莎不喜欢吹牛的人
   C. 因为丽莎从不相信哈利　　D. 因为哈利说帮她却没做到

3. A. 让金大永决定　　　　　　B. 找朋友们商量
   C. 丽莎再多想想　　　　　　D. 跟哈利去桂林

4. A. 很高兴，很想去问他们　　B. 不高兴，但没别的办法
   C. 不想去，叫哈利自己去　　D. 更发愁、更不高兴了

四、再听一遍对话，辨别对错 Listen to the dialogues again, and judge the following sentences.

1. 丽莎在看一本介绍桂林风光的《桂林旅游手册》。　　　　(　)
2. 桂林除了有美丽的山水以外，还有奇特的溶洞。　　　　　(　)
3. 手册中介绍，西安有各种美食，青岛有美丽海滩。　　　　(　)
4. 丽莎叫哈利帮她做选择题，哈利也不会做。　　　　　　　(　)
5. 哈利爱吹牛，不喜欢帮助人，尤其是丽莎。　　　　　　　(　)
6. 丽莎说"都挺合我意的"意思是"都符合我的想法"。　　(　)

五、再听一遍，边听边填空 Listen to the paragraph again, and fill in the blanks while listening.

1. 哈利，你_____。……，这几个地方我都想去，真是令人发愁啊。

2. _____发愁，我来帮你_____吧。

3. 没错，所以我_____犹豫不决呀，_____去哪儿呢？……你说我该_____哪儿？

4. 嗯……这道选择题真难啊！_____你决定不了呢。

5. 啊？你自己_____，还说帮我呢。我就知道你_____了！

6. 咱们还是_____金大永他们_____吧。

7. 也只好_____喽，靠你是_____了。走吧。

课文二（泛听） Text

"牛"字的学问

生词 Vocabulary

1.	假如	jiǎrú	（连）	if
2.	无聊	wúliáo	（形）	bored; dull
3.	炒股（票）	chǎo gǔ (piào)	（动）	trade in stock market
4.	牛市	niúshì	（名）	bull market (a rising stock market)
5.	赚	zhuàn	（动）	earn (money)

练习 Exercise

一、听一段短文，回答短文最后提出的问题 Listen to the paragraph, and answer the question raised at the end of the paragraph.

二、再听一遍短文，辨别对错 Listen to the paragraph again, and judge the following sentences.

1. 丽莎说哈利吹牛，是因为哈利说大话了。（　）
2. 你一个人在宿舍觉得没意思的时候，可以叫朋友来开开心。（　）
3. 说一个人很牛，可能是说这个人学习成绩非常棒。（　）
4. 在汉语中，"牛"字表达的都是好的意思。（　）
5. "你牛什么呀？"意思是"你没有什么了不起的。"（　）

三、再听一遍，选择正确答案 Listen to the paragraph again, choose the correct answers

1. A. 做不了的事却说能做　　　　B. 聊天儿
   C. 说大话　　　　　　　　　　D. 比别人强
2. A. 股票上涨的股市叫牛市　　　B. 你考试得了100分，真牛
   C. 朋友和你聊天，你说他牛　　D. 人们说骄傲的人"别太牛了"
3. A. 说考100分又考不了　　　　B. 炒股票没有赚到钱
   C. 不会写500个汉字　　　　　D. 不喜欢跟朋友聊天儿
4. A. 牛头和马嘴都是错的　　　　B. 问"吃什么"，回答"不起床"
   C. 牛头跟马嘴不在一起　　　　D. 牛头是不对的，马嘴是对的

四、回答问题 Answer the questions.

听和练 Listen and practice

学而不厌，诲人不倦。

第十二课

课文一 Text

颜色趣谈

生词 Vocabulary

1. 秀丽	xiùlì	(形)	beautiful; pretty
2. 五彩	wǔcǎi	(形/名)	colourful/various colours
3. 低	dī	(动)	lower; hang down
4. 清澈	qīngchè	(形)	crystal-clear; limpid
5. 无处不在	wú chù bu zài		be everywhere
6. 蔬菜	shūcài	(名)	vegetable; greens
7. 更换	gēnghuàn	(动)	change; replace
8. 色彩	sècǎi	(名)	colour
9. 灯笼	dēnglong	(名)	lantern; Chinese lantern
10. 喜庆	xǐqìng	(形)	happy and rejoicing

11. 节约	jiéyuē	(动)	save; cut costs
12. 能源	néngyuán	(名)	sources of energy; energy
13. 制品	zhìpǐn	(名)	products; wares

专名 Proper noun

| 九寨沟 | Jiǔzhàigōu | jiuzhaigou |

(中国著名风景名胜区，位于四川省阿坝自治州)

练习 Exercise

一、听句子，指出新词语 Listen to the sentences and write down the new words.

1. 2.
3. 4.
5. 6.
7. 8.

二、听句子，并跟读 Listen to the sentences and read after them.

（一）1. 可以说，世界上的颜色都能在九寨沟找得到。
    2. 可以这么说，每一种颜色都有一定的文化含义。

（二）1. 人们爱美的方式真不少，连头发也可以由黑变黄了。
    2. 人只能是由小变大，怎么可能会由大变小呢？

（三）1. 中国人爱红色，认为红色最喜庆，难怪叫中国红呢。
    2. 环境保护越来越受关注了，难怪绿色产品受欢迎呢。

(四) 1. 随着人们生活水平的提高，"绿色"的事物多起来了。
   2. 随着季节的变化，公园里的花草树木改变着颜色。
(五) 1. 所谓"绿色酒店"，是既安全舒适又健康环保的。
   2. 你所谓的努力学习，难道就是玩电脑和睡大觉吗？

三、听一段短文，回答短文最后提出的问题　Listen to the paragraph, and answer the question raised at the end of the paragraph.

四、再听一遍短文，选择正确答案　Listen to the paragraph again, choose the correct answers.

1. A. 没有什么颜色是九寨沟没有的
   B. 湖水中有各种颜色，不够干净
   C. 远处的高山上一年四季有积雪
   D. 不同的树木长着不同颜色的树叶
2. A. 饮料的颜色   B. 马路的颜色
   C. 服装的颜色   D. 头发的颜色
3. A. 中国人用红色代表喜庆   B. 多发红包能使生意做得好
   C. 中国小孩都爱吃红鸡蛋   D. 过年时家家挂灯笼贴喜字
4. A. 因为绿色是最美丽的颜色   B. 因为绿色代表污染很少
   C. 因为绿色让人感到很快乐   D. 因为绿色代表健康节能

五、再听一遍短文，辨别对错　Listen to the paragraph again, and judge the following sentences.

1. 九寨沟到处是五颜六色的美丽风光。　　　　　　　　　　（　　）
2. 九寨沟的湖水清澈，水中有周围事物的影子，十分漂亮。　（　　）

3. 马路上的交通信号灯有红绿两色，人们就叫它红绿灯。（　　）
4. 在中国，红色总是跟喜事、好事联系在一起的。（　　）
5. 绿色是没有污染的颜色，而白色是容易污染的颜色。（　　）
6. 人们吃绿色食品，穿绿色服装，住绿色酒店是因为绿色很流行。（　　）

六、猜一猜 Guess

课文二（泛听） Text

只贷一美元

生词 Vocabulary

1.	贷款	dài kuǎn	（动）	loan from a bank
2.	担保	dānbǎo	（动）	assure; guarantee
3.	股票	gǔpiào	（名）	stocks; shares
4.	金库	jīnkù	（名）	national treasury
5.	保险柜	bǎoxiǎnguì	（名）	a safe

练习 Exercise

一、听一段短文，然后选择正确答案　Listen to the paragraph, and choose the right answer.

1. A. 按照一定的规定向银行借款

B. 向银行提供担保而得到钱

C. 付一定的利息得到银行的钱

D. 买银行产品，需要时得到钱

2. A. 更加热情 B. 非常奇怪
   C. 不太满意 D. 犹豫不决

3. A. 他无法理解商人有50万，却还要借一美元
   B. 他知道一美元是不能用50万美元来做担保的
   C. 他不明白商人只贷一美元究竟能干什么用
   D. 他认为商人应该贷几十万美元，既然他有50万

4. A. 他被商人的智慧惊呆了 B. 他想说什么又不敢说了
   C. 他想看清楚商人去哪儿 D. 听了商人的话他很难过

二、再听一遍，辨别对错 Listen to the paragraph again, and judge the following sentences.

1. 商人到银行来借钱，因为他知道银行的利息不高。（ ）
2. 在银行贷款需要万元以上的担保。（ ）
3. "一年利息为6%"的意思是借一美元一年要给银行六美分。（ ）
4. 商人贷一美元，其实是为了在银行存放50多万的股票。（ ）
5. 把钱存放在金库里要花一点儿钱，在银行贷款不要花钱。（ ）

三、回答问题 Answer the questions

听和练 Listen and practice

五岳归来不看山，九寨归来不看水。

第十三课

课文一 Text

好事？坏事？

生词 Vocabulary

1. 未必	wèibì	（副）	may not; not necessarily
2. 研究	yánjiū	（动）	study; research
3. 目的地	mùdìdì	（名）	destination
4. 为难	wéinán	（动）	feel awkward or uneasy
5. 适宜	shìyí	（形）	suitable; proper; fit
6. 插嘴	chā zuǐ	（动）	interrupt; chip in
7. 品尝	pǐncháng	（动）	taste; savour
8. 匆忙	cōngmáng	（形）	in a hurry
9. 遗憾	yíhàn	（形）	regretful; regretable
10. 画面	huàmiàn	（名）	general appearance of a picture
11. 恨不得	hènbude	（名）	be anxious to; be dying to

| 12. 做声 | zuò shēng | | make a sound |
| 13. 毕竟 | bìjìng | （副） | after all; all in all |

练习 Exercise

一、听句子，指出新词语 Listen to the sentences and write down the new words.

1.　　　　　　　　　　　2.
3.　　　　　　　　　　　4.
5.　　　　　　　　　　　6.
7.　　　　　　　　　　　8.

二、听句子，并跟读 Listen to the sentences and read after them.

（一）1. 自从知道了要一起去旅游的事，班里可热闹了。
      2. 自从丢了手机以后，哈利不像以前那么粗心了。

（二）1. 西安的美食以牛羊肉泡馍和酿皮最为有名。
      2. 以帮助别人为快乐的人，也会得到别人的帮助。

（三）1. 在金大永的建议下，同学们一起去旅行社咨询了。
      2. 在老师的鼓励下，山田参加了朗读比赛，还拿了奖。

（四）1. 西安的美食不仅独具特色，而且价钱也非常便宜。
      2. 他不仅是我们的汉语老师，而且也是我们的好朋友。

（五）1. 只为了品尝美食就再去一次西安，还不如去个新地方。
      2. 既然你已经坐错了火车，还不如就在这里度周末呢。

三、听一段短文，回答问题　Listen to the dialogues, and answer the questions.

1. 留学生们为什么左右为难？
2. 金大永建议大家怎么做？
3. 导游王欣建议同学们去哪儿？为什么？
4. 大家都同意王欣的意见吗？
5. 芳子是什么意见？

四、再听一遍短文，选择正确答案　Listen to the paragraph again, choose the correct answers.

1. A. 有选择当然是好事　　B. 有选择不一定是好事
   C. 没有选择当然是坏事　D. 没有选择比有选择好
2. A. 因为以前没去过　　　B. 因为有些景点没去过
   C. 因为芳子很想去　　　D. 因为想去品尝美食
3. A. 她想去没去过的地方　B. 她想去青岛或者桂林
   C. 她不喜欢吃西安小吃　D. 她以前吃过西安小吃
4. A. 芳子决定去青岛　　　B. 大家都赞成去青岛
   C. 还没有决定去哪儿　　D. 大家意见不一致

五、再听一遍短文，辨别对错　Listen to the pdialogues again, and judge the following sentences.

1. 这几天，班里很热闹，因为要去西安旅游，大家很兴奋。　（　　）
2. 他们到旅行社咨询去西安好还是去青岛好。　（　　）
3. 有的人同意去西安品尝美食，有的人不同意。　（　　）

4. 王欣说的"便宜得令人难以置信"意思是"不相信这么便宜"。（ ）

5. 金大永说的"一饱口福"的意思是好好品尝美味佳肴。（ ）

六、回答问题 Answer the questions

课文二（泛听）   Text

选　择

生词 Vocabulary

1. 象棋	xiàngqí	（名）	chess
2. 赢	yíng	（动）	win
3. 参赛者	cānsàizhě	（名）	competitor; people who competes
4. 躲	duǒ	（动）	hide
5. 未来	wèilái	（名）	future

练习 Exercise

一、**听一段短文，回答短文最后提出的问题** Listen to the paragraph, and answer the question raised at the end of the paragraph.

二、再听一段短文，指出你听到的表达"难作决定"的词语 Listen to the paragraph, and choose the right answer.

A. 进退两难　　B. 心神不定　　C. 左右开弓　　D. 决定生死
E. 两难境地　　F. 举棋不定　　G. 左右为难　　H. 犹豫不决

三、再听一遍短文，辨别对错 Listen to the paragraph again, and judge the following sentences.

1. 有几个选择的时候，人们往往会犹豫不决，甚至发愁。　　（　　）
2. 留学生们左右为难是因为他们只能去一个地方——西安。（　　）
3. 下棋的时候，如果走错一步，就永远没有机会赢了。　　（　　）
4. "犹豫不决"和"举棋不定"都是很难做出决定的意思。　（　　）
5. 这篇短文的意思是：有很多选择并不一定就是快乐的事。（　　）

听和练 Listen and practice

车到山前必有路，船到桥头自会直。

第十四课

课文一 Text

上海世博会吉祥物——海宝

生词 Vocabulary

1. 吉祥物	jíxiángwù	（名）	mascot
2. 世博会	shìbóhuì	（名）	the World Expo
3. 举办权	jǔbànquán	（名）	right to host or sponsor
4. 支撑	zhīchēng	（动）	support
5. 创造	chuàngzào	（动/名）	create
6. 和谐	héxié	（形）	harmonious
7. 诞生	dànshēng	（动）	come into existence
8. 凝聚	níngjù	（动）	gather; accumulate
9. 翻卷	fānjuǎn	（形）	roll; whirl around; wheel about
10. 波浪	bōlàng	（名）	wave

11. 展示	zhǎnshì	（动）	show; reveal; put on display
12. 稳固	wěngù	（形）	firm; steady
13. 表明	biǎomíng	（动）	make known; make clear

练习 Exercise

一、听句子，指出新词语 Listen to the sentences and write down the new words.

1. 2.
3. 4.
5. 6.
7. 8.

二、听句子，并跟读 Listen to the sentences and read after them.

（一）1. 吉祥物要反映出举办国的历史、文化以及社会特色。
2. 我被雪乡美丽的景、浪漫的夜以及纯朴的村民所打动。

（二）1. 海宝的形象是根据汉字"人"来设计的。
2. 房价的高低根据房子的面积大小而定。

（三）1. 海宝圆圆的身体则展示了对生活的美好感受。
2. 酒店目前最大困难则是找不到合适的人才。

（四）1. 海宝的动作和服装都可以有所变化，有所不同。
2. 这家咖啡馆的咖啡品种和别家有所差别。

（五）1. 海宝也有不同形象，比如说面对韩国朋友就穿韩服。
2. 民族村想了很多办法吸引游客，比如说销售年卡。

三、听一段短文，选择正确答案 Listen to the paragraph, and choose the right answer.

1. A. 举办世博会很难，而设计吉祥物不难
   B. 吉祥物的设计是全世界人民共同做的
   C. 吉祥物的设计要反映出举办国的特色
   D. 只要吉祥物设计得好，就能举办世博会

2. A. 人与自然   B. 人与城市
   C. 人与社会   D. 人与人

3. A. 又大又圆的眼睛展示了它对生活的美好感受
   B. 伸出的双手表达了对未来的城市充满期待
   C. 翻卷的头发说明中国一定可以办好世博会
   D. 身体的海蓝色代表着地球、生命和未来

4. A. 举办世博会很不容易
   B. 上海世博会快要举行了
   C. 海宝的可爱形象及含义
   D. 吉祥物是怎么设计出来的

四、再听一遍短文，辨别对错 Listen to the paragraph again, and judge the following sentences.

1. 一个城市的历史、文化特点可以通过吉祥物反映出来。（   ）
2. 上海世博会的吉祥物叫海宝，因为它是出生在海里。（   ）
3. 吉祥物海宝的形象包含了很多意思。（   ）
4. 海宝的样子很可爱，他以同一个形象出现在各国朋友面前。（   ）
5. 中国字的"人"字是设计海宝形象的主要依据。（   ）

五、再听一遍，边听边填表 Listen to the paragraph again, and fill in the form while listening.

	描述	含义
海宝的头发		
海宝的眼睛		
海宝的身体		
海宝的手		
海宝的脚		
海宝的颜色		

课文二（泛听） Text

中国菜名的翻译

生词 Vocabulary

1.	狮子	shīzi	（名）	lion
2.	肺	fèi	（名）	lung
3.	准确	zhǔnquè	（形）	accurate; exact
4.	韵味	yùnwèi	（名）	charm; interest; appearl
5.	酱	jiàng	（名）	sauce; paste

第十四课

练习 Exercise

一、听一段短文,选择正确答案 Listen to the paragraph, and choose the right answer.

1. A. 他们喜欢吃的中国菜太多了
   B. 他们看不明白饭店里的中文菜单
   C. 英文菜单让他们分不清东南西北
   D. "红烧狮子头"等菜名让他们害怕

2. A. 分不清方向了
   B. 迷路
   C. 被搞糊涂了
   D. 像喝醉酒的感觉

3. A. 菜单翻译得不准确
   B. 菜单上的方向标错了
   C. 菜单上没有标方向
   D. 菜单翻译得太具体

4. A. 中国菜的品种、名称真是太多了
   B. 中国菜在其他国家没有相同的做法
   C. 中国菜名中包含着中国文化的韵味
   D. 水平高的翻译家没时间去翻译菜名

二、再听一遍,回答问题 Listen to the paragraph again, and answer the questions.

1. "夫妻肺片"这道菜开始被译成什么?现在呢?

2. "红烧狮子头"是用猪肉做成大肉丸,再用红色调料烧成的。如果请你来翻译,你想怎么翻译呢?

3. 你在中国的餐馆里遇到过点菜难题吗？你怎么解决的？

4. 你知道哪些中国菜名？你觉得这些菜名翻译得怎样？你能翻译得更好吗？

听和练 Listen and practice

路在人走，事在人为。

第十五课

单元练习三 Exercises three

一、听下列句子,并选择正确答案 Listen to the sentences and choose the correct answers.

1. A. 问哈利说什么好   B. 拿哈利没办法了
   C. 哈利天天都吹牛   D. 不想跟哈利说话了
2. A. 已经累得不能做事儿了   B. 做这些事儿很容易
   C. 做完这些事儿再做别的   D. 不能做这么多事儿
3. A. 春节大家都看彩灯,并不热闹 B. 要过春节了,到处都很热闹
   C. 要过春节家家都忙着挂灯笼   D. 快春节了,大家都在聊天说笑话
4. A. 你应该赶快找个对象   B. 找对象比爬山还难
   C. 你这样是找不到对象的   D. 找对象应该多比较
5. A. 旅游地点应该一个个选。   B. 选择旅游地点可够难的。
   C. 选择旅游地点不必犹豫。   D. 选择旅游地点令人犹豫。
6. A. 不值得在网上看。   B. 在电脑上看就行了。
   C. 不值得看了还看。   D. 值得去电影院看。

7. A. 他在安慰哭的朋友。 B. 他不知朋友哭什么。
   C. 老板没发红包是大事。 D. 他最讨厌别人哭。

8. A. 导游 B. 机场工作人员
   C. 空姐 D. 警察

9. A. 痛苦 B. 后悔
   C. 失望 D. 责怪

10. A. 被很多人赞美过。 B. 水的颜色美妙无比。
    C. 不过是美在它的水。 D. 色彩被赞美过头了。

二、听下列对话，并选择正确答案　Listen to the conversations and choose the correct answers.

1. A. 她没时间去上海 B. 她也很想去上海
   C. 去不去她无所谓 D. 她对男的很生气

2. A. 没有不想赚钱的旅行社 B. 欣欣旅行社只顾赚钱
   C. 有的旅行社不光为赚钱 D. 旅行社都能为游客着想

3. A. 男的反复说同样的话 B. 男的说不清美子的事儿
   C. 女的想打电话给美子 D. 女的其实没有什么疑问

4. A. 怎样过父母那一关 B. 结婚前的准备工作
   C. 大红喜字是否喜庆 D. 婚事必须再三考虑

5. A. 男的为请假而为难 B. 男的不打算去加班了
   C. 女的不想把票送人 D. 女的搞到票不容易

6. A. 金钱 B. 工作
   C. 爱情 D. 家庭

7. A. 男的常常在夜里开车 B. 男的像铁打的一样棒
   C. 男的觉得快要摔倒了 D. 男的不该总是这么累

8. A. 不满意 B. 不高兴 C. 很担心 D. 很吃惊

9. A. 可能是生病了 B. 不知道生什么病了
   C. 确实是有问题了 D. 见得不多说得不少
10. A. 停车场 B. 电影院
    C. 十字路口 D. 地铁站

三、听和做——传递悄悄话 Listen and practice: guessing the words.

教师把准备好的字条交给每排第一位同学，这位同学把字条上的句子悄悄告诉第二位同学，声音要小，不能让别人听见。这样依次传话，最后一位同学把听到的句子写出来。传话最接近原话的一排获胜。

四、听两段录音，选择正确答案 Listen twice and choose the correct answers.

(1-6题是根据下面这段话)

1. A. 在外资公司上班的白领 B. 在学校辛苦上课的学生
   C. 拼命工作回报很少的人 D. 非常喜欢上网的一些人
2. A. 月薪很少，不够用 B. 花费太多，不够用
   C. 白领都是没积蓄的 D. 刘萌要用钱买房子
3. A. 流行杂志 B. 高档化妆品
   C. 时尚美食 D. 名牌服装
4. A. 和"在职穷人"不一样 B. 不都是"80后"的人
   C. 中国现在没有"穷忙族" D. 处于平衡的生活状态
5. A. 对未来不抱什么希望 B. 每个月基本没有积蓄
   C. 他们的年纪都比较小 D. 越穷越忙，越忙越穷
6. A. 16.7%   B. 9.2%   C. 82.6%   D. 75%。

(7-10 题是根据下面这段话)

7. A. 冬天穿皮衣　　　　　　B. 寒冷的天气
   C. 冬天卖冰棍　　　　　　D. 冬天吃冰棍

8. A. 冰棍很好吃　　　　　　B. 天气很暖和
   C. 冰棍很难吃　　　　　　D. 天气非常冷

9. A. 北方的冬天要比南方暖和　B. 他们身体素质好，吃得消
   C. 冬天吃冰棍就不会生病了　D. 吃冰棍确实能让他们长寿

10. A. 提高抗病能力　　　　　B. 有助于血液循环
    C. 可以保护心脏　　　　　D. 预防生理的老化

第十六课

课文一 Text

小生活，大道理

生词 Vocabulary

1. 事实	shìshí	（名）		a fact; actuality; a truth
2. 厨师	chúshī	（名）		a cook
3. 胡萝卜	húluóbo	（名）		a carrot
4. 咖啡豆	kāfēidòu	（名）		a coffee bean
5. 耐烦	nàifán	（形）		patient
6. 捞	lāo	（动）		scoop up from
7. 打破	dǎpò	（动）		break; smash
8. 剥	bāo	（动）		peel
9. 外壳	wàiké	（名）		a case or shell; a crust
10. 意味着	yìwèizhe	（动）		mean; to signify

| 11. 液体 | yètǐ | （名） | liquid; fluid |

练习 Exercise

一、听句子，指出新词语 Listen to the sentences and write down the new words.

1.　　　　　　　　　　2.
3.　　　　　　　　　　4.
5.　　　　　　　　　　6.
7.　　　　　　　　　　8.

二、听句子，并跟读 Listen to the sentences and read after them.

（一）1. 谁能坚持努力奋斗，谁就会有幸福快乐的生活。
　　　2. 考试成绩很重要，谁考得好，谁就可以得到奖学金。

（二）1. 哈利打开冰箱，发现冰箱里面什么吃的也没有。
　　　2. 金大永最近学习很忙，学校里什么活动也没有参加。

（三）1. 结婚意味着两个人要在一起生活，一起奋斗。
　　　2. 黄佳佳觉得拿到奖学金就意味着自己学习不错。

（四）1. 生鸡蛋很容易碎，但是经开水一煮，它就变硬了。
　　　2. 经这么一比较，大家还是觉得欣欣旅行社最信得过。

（五）1. 一旦困难找上了门，我会选择坚持到底不放弃的。
　　　2. 在旅游时你一旦迷了路，应立刻打电话联系导游。

三、听一段短文，选择正确答案　Listen to the paragraph, and choose the right answer.

1. A. 她觉得很多事情很困难　　　　　B. 她对生活很失望
   C. 她不想继续去奋斗了　　　　　　D. 她对自己没有信心了

2. A. 她能明白父亲，高兴地等待着
   B. 她不明白父亲，奇怪地等待着
   C. 她能明白父亲，耐心地等待着
   D. 她不明白父亲，但耐心地等待着

3. A. 胡萝卜入锅之前是软的，开水煮过之后，也是软的
   B. 鸡蛋本来是容易破碎的，但经开水一煮，就变硬了
   C. 咖啡豆很特别，开水煮了以后，就被水改变了味道
   D. 这三样不同的物体，在同样的环境里反应是相同的

4. A. 父亲教女儿煮胡萝卜、鸡蛋、咖啡
   B. 胡萝卜、鸡蛋、咖啡煮熟的方法
   C. 父亲通过煮东西给女儿讲生活道理
   D. 胡萝卜、鸡蛋、咖啡的不同反应

四、再听一遍短文，辨别对错　Listen to the paragraph again, and judge the following sentences.

1. 一向努力奋斗的女儿，最近却对自己的生活很不满意。　　（　　）
2. 父亲一边往三个锅里放东西，一边给女儿讲道理。　　　　（　　）
3. 父亲让女儿喝了那杯煮好的咖啡，因为咖啡味道香浓。　　（　　）
4. 生鸡蛋薄薄的外壳保护着里面的液体，开水煮过后，就变硬了。
   　　　　　　　　　　　　　　　　　　　　　　　　　　（　　）
5. 女儿一直没搞明白父亲为什么要煮这三样东西。　　　　　（　　）

五、再听一遍，回答问题　Listen to the paragraph again, and answer the questions.

1. 你觉得标题"小生活，大道理"是什么意思？
2. 胡萝卜、鸡蛋、咖啡豆用水煮后，发生了什么变化？这些变化说明了什么？
3. 当你遇到困难时，你认为自己像胡萝卜、鸡蛋还是咖啡豆呢？

交流问题

生词　Vocabulary

1. 同事	tóngshì	（名）	workmates
2. 当面	dāngmiàn	（副）	to one's face; in one's presence
3. 组	zǔ	（名）	group
4. 造成	zàochéng	（动）	cause; form
5. 误会	wùhuì	（动/名）	misunderstand; misunderstanding

练习　Exercise

一、听一段对话，选择正确答案　Listen to the paragraph, and choose the right answer.

（金大永在一家中国公司上班了，下班后他遇见了同事赵丽。）

1. A. 他觉得自己不会跟人交流　　B. 他觉得自己工作态度不认真
   C. 他感冒了，身体不舒服　　　D. 大家给他提了很多意见
2. A. 因为他身体不舒服　　　　　B. 因为他不好意思说
   C. 他对他们没有意见　　　　　D. 他生病了，张不开嘴
3. A. 不完全是好事　　　　　　　B. 完全是坏事
   C. 完全是好事　　　　　　　　D. 不完全是坏事
4. A. 换到其他的组去　　　　　　B. 以后也给他们提意见
   C. 有则改之，无则加勉　　　　D. 向大家认真地解释一下
5. A. 帮助金大永解决遇到的难题　B. 给金大永提一些工作意见
   C. 教金大永如何与人交流沟通　D. 解释"有则改之，无则加勉"

二、再听一遍，回答问题　Listen to the paragraph again, and answer the questions.

1. 金大永为什么问赵丽这些问题？
2. 什么叫"有则改之，无则加勉"？
3. 如果你遇到这样的事，你会怎么办？

三、与同桌讨论　Discuss with deskmate

听和练　Listen and practice

不识庐山真面目，只缘身在此山中。

第十七课

课文一 Text

传统节日——中秋节

生词 Vocabulary

1. 佳节	jiājié	（名）	festival
2. 仅次于	jǐn cì yú		second to
3. 吟	yín	（动）	chant; recite
4. 诗词	shīcí	（名）	poem
5. 赋予	fùyǔ	（动）	give; entrust
6. 期盼	qīpàn	（动）	look forward to
7. 赏月	shǎngyuè	（动）	admire a bright full moon
8. 纯正	chúnzhèng	（形）	pure; perfect
9. 勾起	gōuqǐ	（动）	arouse; call to mind

第十七课

10. 稀罕	xīhan	（动）	treasure; value as a rarity
11. 腻	nì	（形）	too sweet or oily to eat
12. 亲情	qīnqíng	（名）	affection among family members

练习 Exercise

一、听句子，指出新词语 Listen to the sentences and write down the new words.

1.　　　　　　　　2.
3.　　　　　　　　4.
5.　　　　　　　　6.
7.　　　　　　　　8.

二、听句子，并跟读 Listen to the sentences and read after them.

（一）1. 中国人将中秋节看得很重，就是向往全家团圆。
　　　2. 游客去买东西时，会将携带的行李交给导游保管。

（二）1. 在中国人眼里，中秋节应当说是很重要的传统节日。
　　　2. 应当说，这家咖啡馆里有着与别处完全不同的快乐。

（三）1. 显而易见，古人赋予了月亮很多涵义和美丽的传说。
　　　2. 如果每个人都参加环保行动，好处是显而易见的。

（四）1. 人们以寄月饼为由，来表达对远方亲人的思念。
　　　2. 那家旅行社以游客证据不足为由，拒绝赔偿。

（五）1. 假如你不信，就跟我们一起过中秋节，体会一下吧！
　　　2. 假如你实在没有时间去参观世博会，我们就先去了。

三、听一段短文，选择正确答案 Listen to the paragraph, and choose the right answer.

1. A. 因为要给远方的亲人寄月饼
   B. 因为中秋节的历史非常悠久
   C. 因为是全家团圆的传统节日
   D. 因为中秋的月亮最圆、最亮
2. A. 观月亮，吟诗词   B. 听广播，看电视
   C. 吃月饼，寄月饼   D. 听美丽神话传说
3. A. 月饼有各种各样的口味   B. 月饼上刻有美丽的图案
   C. 月饼的味道非常的纯正   D. 月饼寄托了人们的思念
4. A. 中秋节吃月饼   B. 中秋节寄月饼
   C. 中秋节的介绍   D. 中秋节赏月亮

四、再听一遍短文，辨别对错 Listen to the paragraph again, and judge the following sentences.

1. 在中国，一年中只有中秋节是全家团圆的传统节日。（   ）
2. 各地的人们庆祝中秋节的方式都是一样的。（   ）
3. 如今，每到中秋节还会有人在排队寄月饼。（   ）
4. 寄月饼是因为月饼很稀罕，人们很在乎。（   ）
5. 关于月亮的诗词和美丽传说，从古代一直流传至今。（   ）
6. 中秋节的各种活动表达了人们期盼团聚的心情。（   ）

五、再听一遍，边听边填空　Listen to the paragraph again, and fill in the blanks while listening.

1. 每年_____的八月十五，是中国传统的中秋_____。中国人将中秋节看得很重，应当说它是_____春节的重要节日。

2. 显而易见，古人赋予了_____很多的涵义和美丽的_____。

3. 中秋节的_____很多，各地庆祝的形式也_____。但是不论什么形式，都表达着人们思念亲人，_____团聚和_____美好生活的心情。

4. 月饼_____，而且各地都可以买到，谁还稀罕呢？其实人们_____的不是月饼，_____那里面包含的一份_____。

5. 可以说，人们是以中秋节寄月饼为由，来_____对远在外地的亲人的一份_____。

课文二（泛听）　Text

中国传统节日知多少

生词 Vocabulary

1. 农历	nónglì	（名）	the traditional Chinese calendar
2. 年货	niánhuò	（名）	special purchases for the Spring Festival
3. 元宵	yuánxiāo	（名）	1. the 15th night of the 1st lunar month 2. rice dumpling
4. 端午节	Duānwǔ Jié	（名）	dragon boat festival

5. 竞赛　　jìngsài　　（名）　　competition; contest

练习 Exercise

一、听一段对话，选择正确答案 Listen to the paragraph, and choose the right answer.

1. A. 吃粽子　　　B. 赛龙舟　　　C. 吃汤圆　　　D. 吃年夜饭
2. A. 快乐地迎接温暖的春天　　　B. 纪念古代著名诗人屈原
   C. 祝愿全家人幸福团圆　　　　D. 让大家了解中国的节日
3. A. 春节　　　B. 情人节　　　C. 清明节　　　D. 端午节
4. A. 端午节有悠久的历史　　　B. 端午节是屈原发明的
   C. 端午节没有其他的名字　　D. 端午节举行两种活动

二、再听一遍，回答问题 Listen to the paragraph again, and answer the questions.

1. 对话中一共提到几个中国传统节日？是哪几个？
2. 请你分别说说人们在春节、元宵节、端午节各有哪些庆祝活动？
3. 除了对话中提到的中国传统节日，你还知道哪些中国节日？在哪天？

听和练 Listen and practice

独在异乡为异客，每逢佳节倍思亲。

第十八课

课文一 Text

凤凰城印象

生词 Vocabulary

1. 捶衣板	chuíyībǎn	（名）	wooden club（used to beat clothes in washing）
2. 舞蹈	wǔdǎo	（名）	dance; dancing
3. 捶	chuí	（动）	beat（with a stick or fist）;pound
4. 撒网	sǎ wǎng		throw a net to fish
5. 铺	pū	（动）	spread; lay
6. 好心	hǎoxīn	（名）	kind heart; good intention
7. 岸	àn	（名）	shore; bank
8. 游船	yóuchuán	（名）	pleasure boat
9. 民歌	míngē	（名）	a folk song

10. 酒吧	jiǔbā	（名）	bar（room）
11. 高档	gāodàng	（形）	top-grade; high-ranking
12. 惊奇	jīngqí	（形）	amazed; surprised
13. 升	shēng	（动）	rise; ascend

练习 Exercise

一、听句子，指出新词语 Listen to the sentences and write down the new words.

1.　　　　　　　　　　2.
3.　　　　　　　　　　4.
5.　　　　　　　　　　6.
7.　　　　　　　　　　8.

二、听句子，并跟读 Listen to the sentences and read after them.

（一）1. 由于太累，我们一到那里就早早休息了。
　　　2. 由于雨太大，今天飞往福州的航班取消了。

（二）1. 这儿的雪景看上去像一幅画，极其漂亮。
　　　2. 不知道芳子怎么了，看上去不太高兴啊。

（三）1. 南京火车站又大又舒服，据说是新建的。
　　　2. 据说，凤凰城的东城门已有好几百年的历史了。

（四）1. 她身体不舒服，此外，好像情绪也不好。
　　　2. 我去过凤凰城，此外，我还游览过其他景点。

（五）1. 尽管他们说话声音很小，我还是听到了。

2. 尽管凤凰城很古老，但还是有一些高档酒吧的。

三、听一段短文，选择正确答案 Listen to the paragraph, and choose the right answer.

（金大勇从凤凰城回来后，在他的博客中写了一篇日记。）

1. A. 14点左右　　　　　　B. 17点左右
   C. 19点左右　　　　　　D. 21点左右

2. A. 他去散步
   B. 他发现人们洗衣服的方法很特别
   C. 他觉得凤凰城很美
   D. 因为他太笨，所以衣服没洗干净

3. A. 很安静　　　　　　　B. 桥上挂着大红灯笼
   C. 很热闹　　　　　　　D. 很多人在沱江边散步

4. A. 这个酒吧的名字很特别
   B. 凤凰城里只有四五家酒吧
   C. 凤凰城有很高档的酒吧
   D. 这个酒吧气氛跟上海的不同

5. A. 凤凰城的早上很热闹
   B. 东城门有好几百年的历史
   C. 凤凰城的晚上很热闹
   D. 小城里有这么高档的酒吧

四、再听一遍短文，辨别对错 Listen to the paragraph again, and judge the following sentences.

1. 第一天晚上，金大永和芳子因为太累而没逛凤凰城。　　（　　）
2. 凤凰城的早晨很安静，所以金大永第二天很早起来去散步。（　　）

3. 金大永觉得，当地人洗衣服时的动作很好看。　　　　　(　)
4. 金大永觉得当地人洗衣服很有意思，所以也试了试。　　(　)
5. 金大永和芳子玩了东城门和沱江等6个景点，他们很开心。(　)
6. 他们是第三天早上离开美丽的凤凰城的。　　　　　　　(　)

五、再听一遍，完成下面的提纲，并复述课文 Listen to the paragraph again, and complete the outline and then retell the text.

时间		做的事情	
第一天：	傍晚	_____	
第二天：	早晨	_____	美丽的凤凰城，我们还会再来的。
	后来	_____	
	晚上	_____	
第三天：	上午	_____	

课文二（泛听）　Text

昂起头最美丽

生词　Vocabulary

1. 蝴蝶结　húdiéjié　（名）　　a bow tie

2. 昂	áng	（动）	hold high
3. 撞	zhuàng	（动）	bump against
4. 在意	zàiyì	（动）	pay attention to; care about
5. 自信	zìxìn	（形）	self confident

练习 Exercise

一、听一段短文，选择正确答案 Listen to the paragraph, and choose the right answer.

1. A. 凤凰城很美丽   B. 蝴蝶结很漂亮
   C. 妮妮不够漂亮   D. 自信让人美丽

2. A. 妮妮在商店买了这个蝴蝶结
   B. 戴上蝴蝶结，人就会变得美丽
   C. 因为有了蝴蝶结，妮妮得到了很多人的称赞
   D. 妮妮可能在走出商店时，把蝴蝶结弄丢了

3. A. 长得不错   B. 长得一般
   C. 长得很丑   D. 长得非常美

4. A. 要发现自己的美丽很难
   B. 爱低头走路的人不漂亮
   C. 人最容易了解的是自己
   D. 打扮才能让人美丽起来

二、再听一遍，回答问题 Listen to the paragraph again, and answer the questions.

1. 妮妮为什么总爱低着头？

2. 是什么让妮妮变得美丽了？

3. 你同意短文里的观点"昂起头最美丽"吗？为什么？

4. 想一想，自信除了能让人美丽起来，还有什么作用？

听和练　Listen and practice

千里之行，始于足下。

第十九课

课文一　Text

风不能把阳光打败

生词　Vocabulary

1. 转折	zhuǎnzhé	（动）	transition; take a new turn
2. 内容	nèiróng	（名）	content
3. 消失	xiāoshī	（动）	disappear
4. 大方	dàfang	（形）	generous
5. 喘气	chuǎnqì	（动）	take a breather
6. 山谷	shāngǔ	（名）	valley
7. 橡皮	xiàngpí	（名）	eraser; rubber
8. 形容	xíngróng	（动）	describe
9. 灿烂	cànlàn	（形）	bright; splendid
10. 关键	guānjiàn	（名）	key; key point

11. 打败 dǎbài　　　　　（动）　　　　beat; defeat

练习 Exercise

一、听句子，指出新词语 Listen to the sentences and write down the new words.

1.　　　　　　　　　　2.
3.　　　　　　　　　　4.
5.　　　　　　　　　　6.
7.　　　　　　　　　　8.

二、听句子，并跟读 Listen to the sentences and read after them.

（一）1. 只要周杰伦一上台，观众们就会欢呼起来。
　　　2. 今天逛街真够累的，我到家一躺下就睡着了。

（二）1. 她们像撒网似的把衣服铺在水面上洗，洗得很干净。
　　　2. 你说话怎么一点力气也没有，像没吃过饭似的。

（三）1. 上海有很多值得玩的地方，比如豫园、朱家角等等。
　　　2. 哈利来中国前只会说最简单的汉语，比如"你好！"。

（四）1. 中午的太阳好厉害，好在有风，才凉快了一些。
　　　2. 晚上这儿有点儿不安全，好在有哈利陪我走。

（五）1. 天气虽然暖和起来了，但穿短袖毕竟还有点冷。
　　　2. 今天虽然风大，但毕竟阳光灿烂，不觉得太冷。

第十九课

三、听一段短文，边听边填空 Listen to the paragraph, and fill in the blanks while listening.

1. "_____"是连词，多用在一句话的后半句，表示_____。无论在"但是"之前有多少好的_____，"但是"一出现，希望就_____了，_____人记住的总是困难。

2. "但是风很大"会让人觉得风大才是_____，阳光_____不是一件_____高兴的事情，_____，天气不是很好，_____风把阳光_____了。

3. "同时风很大"是说今天_____有阳光，又有大风，_____有了大风，天气更_____了。

4. 让我们多尝试着用"同时"_____"但是"吧。我们不能_____看到"但是"后面的_____，更要看到"但是"前面的_____和_____。

四、再听一遍，选择正确答案 Listen to the paragraph again, and choose the right answer.

1. A. 这女孩长得不错　　　　B. 她看上去很聪明
   C. 她既能干又大方　　　　D. 她长得有点儿胖

2. A. 有阳光不太重要，关键是风很大
   B. 天气不是很好，又有阳光又有大风
   C. 阳光灿烂的日子里，大风让天气凉快了
   D. 虽然阳光灿烂，但有大风就不值得高兴了

3. A. 有人建议这么做　　　　B. "但是"这个词语很难学
   C. "但是"是一个不好的词语　　D. 要看到困难，更要看到希望

4. A. 今天的讲座来的同学不多，但是现场气氛很好
   B. 地上很湿，他不小心滑了一下，但是没有摔倒

C. 住在山上不方便,但是很安静,是个休息的好地方

D. 金大永这次考试考得不错,但是听力上问题比较多

五、再听一遍,回答问题 Listen to the paragraph again, and answer the questions.

1. 男孩儿听了母亲一开始说的话,心情怎么样?后来呢?为什么?
2. "'但是'就像橡皮似的,擦去了希望和成绩"一句是什么意思?
3. "但是风很大"和"同时风很大"有什么区别?
4. 想一想,"风把阳光打败了"是什么意思?
5. 如果你朋友说,"我真的很想陪你去看电影,但是…"他后面会说什么?

课文二(泛听)   Text

听 书

生词 Vocabulary

1.	词语	cíyǔ	(名)	words and expressions
2.	朗读	lǎngdú	(动)	read aloud
3.	对应	duìyìng	(动)	equivalent; corresponding
4.	下载	xiàzài	(动)	download
5.	耳机	ěrjī	(名)	earphone; headphone

练习 Exercise

一、听一段短文,选择正确答案 Listen to the paragraph, and choose the right answer.

1. A. 读书   B. 看书   C. 听书   D. 翻书
2. A. 社会的发展   B. 新事物的出现
   C. 生活的变化   D. 读书变成听书
3. A. 各个方面   B. 八个方面
   C. 前后左右   D. 上下左右
4. A. 传统的图书   B. 在书店里可以买到的书
   C. 用纸印制的书   D. 可以下载的"有声图书"

二、再听一遍,回答问题 Listen to the paragraph again, and answer the questions.

1. 什么叫"听书"?
2. 你听过这样的书吗?喜欢吗?
3. 你觉得书是应该看,还是应该听呢?

听和练 Listen and practice

失败乃成功之母。

第二十课

单元练习四 Exercises four

一、听下列句子，并选择正确答案 Listen to the sentences and choose the correct answers.

1. A. 能煮好　　　　　　　B. 不可能
   C. 有点儿困难　　　　　D. 试试才知道
2. A. 现在必须节约水资源　B. 节约用水是白搭的
   C. 保护环境靠子孙后代　D. 现在保护也没有用
3. A. 小周把杯子打破了　　B. 小周误会了说话人
   C. 说话人误会了小周　　D. 说话人没打破杯子
4. A. 在家里　　B. 在商店　　C. 在公园　　D. 在路上
5. A. 想要去酒吧玩玩　　　B. 想要把酒吧卖了
   C. 要经营一家酒吧　　　D. 要去酒吧谈生意
6. A. 李强赢了很开心　　　B. 李强输了就喝酒
   C. 李强喝酒很贪杯　　　D. 李强经常打人家
7. A. 这首民歌很好听　　　B. 他很喜欢听民歌
   C. 他没听过这首歌　　　D. 他不喜欢听民歌

8. A. 责怪　　　B. 称赞　　　C. 后悔　　　D. 惊讶

9. A. 老师　　　B. 清洁工　　C. 厨师　　　D. 售票员

10. A. 讲得很不耐烦　　　　　B. 爱听别人讲话

　　C. 不懂这个词语　　　　　D. 被对方惹火了

二、听下列对话，并选择正确答案 Listen to the conversations and choose the correct answers.

1. A. 她现在不想去了　　　　B. 不能说什么时候走
   C. 她想立刻就走　　　　　D. 她需要准备一下

2. A. 同事　　　B. 父子　　　C. 师生　　　D. 上下级

3. A. 女的对张亚很有意见　　B. 徐华对张亚没有意见
   C. 徐华不好意思提意见　　D. 女的同意徐华的做法

4. A. 批评　　　B. 安慰　　　C. 抱怨　　　D. 道歉

5. A. 出差非常辛苦　　　　　B. 组里的人很少
   C. 男的明天休息　　　　　D. 经理很不耐烦

6. A. 男的不必客气　　　　　B. 他们是一家人
   C. 不懂男的意思　　　　　D. 女的也做不来

7. A. 这样做没什么不好　　　B. 我们也不愿这样做
   C. 大家觉得这样做好　　　D. 别人让我们这样做

8. A. 男的很有幽默感　　　　B. 男的说的是假话
   C. 女的一直很大方　　　　D. 女的现在很生气

9. A. 肯定能成功的事　　　　B. 以后会考虑的事
   C. 已经不可能的事　　　　D. 等待了很久的事

10. A. 不要说这事儿　　　　　B. 没空儿管这事
    C. 这事儿没问题　　　　　D. 我谁都不会帮

三、听和做——趣味抢答 Listen and practice: guessing the words.

教师依次读出问题，供全班同学抢答。

四、听两段录音，然后选择正确答案 Listen twice and choose the correct answers.

(1-6题是根据下面这段话)

1. A. 包子是指没馅儿的面团　　B. 包子是指有馅儿的面团
   C. 有馅儿没馅儿都叫馒头　　D. 馒头是指有馅儿的面团
2. A. 没有馅儿，也叫淡馒头　　B. 已经有了上千年的历史
   C. 是土生土长的上海早点　　D. 所有的小吃店都有生煎
3. A. 大饭店　　B. 小饭店　　C. 早点摊　　D. 小点心店
4. A. 小文生煎　　B. 飞龙生煎　　C. 小吴生煎　　D. 丰裕生煎
5. A. 价格有点贵　　B. 味道很一般　　C. 里面有虾仁　　D. 两块五一两
6. A. 皮薄肉多　　B. 物美价廉　　C. 个头不大　　D. 汤汁很多

(7-10题是根据下面这段话)

7. A. 是真正的垃圾　　B. 数量不算太多
   C. 可以回收利用　　D. 不能重复使用
8. A. 与垃圾分离　　B. 分类处理　　C. 为人所用　　D. 颜色分拣
9. A. 饮料瓶　　B. 书　　C. 书包　　D. T恤
10. A. 比原生饮料瓶卫生　　B. 比原生饮料瓶便宜
    C. 可以节约石油资源　　D. 加工过程比较复杂

生 词 表

A

癌症	áizhèng	9
岸	àn	18
昂	áng	18
奥运	Àoyùn	9
奥运会	Àoyùnhuì	3

B

剥	bāo	16
保险柜	bǎoxiǎnguì	12
抱怨	bàoyuàn	4
本领	běnlǐng	3
毕竟	bìjìng	13
标准	biāozhǔn	2
表明	biǎomíng	14
表现	biǎoxiàn	7
病情	bìngqíng	9
波浪	bōlàng	14
不可思议	bù kě sī yì	3
步行	bùxíng	2

C

参赛者	cānsàizhě	13
灿烂	cànlàn	19
插嘴	chāzuǐ	13
差异	chāyì	2
茶壶	cháhú	8
柴火	cháihuo	8
潮湿	cháoshī	6
炒股（票）	chǎo gǔ (piào)	11
趁	chèn	1
出差	chū chāi	4
出主意	chū zhǔyi	11
厨师	chúshī	16
喘气	chuǎnqì	19
创新	chuàngxīn	8
创造	chuàngzào	14
吹牛	chuīniú	11
捶	chuí	18
捶衣板	chuíyībǎn	18
纯正	chúnzhèng	17
词语	cíyǔ	19
匆匆	cōngcōng	6
匆忙	cōngmáng	13
存	cún	9

D

打败	dǎbài	19
打破	dǎpò	16
大方	dàfang	19
大富大贵	dà fù dà guì	4
代替	dàitì	6
贷款	dài kuǎn	12

担保	dānbǎo	12	高峰	gāofēng	8
诞生	dànshēng	14	更换	gēnghuàn	12
当面	dāngmiàn	16	贡献	gòngxiàn	2
灯笼	dēnglong	12	勾起	gōuqǐ	17
低	dī	12	股票	gǔpiào	12
地段	dìduàn	2	固定	gùdìng	1
地理	dìlǐ	6	关键	guānjiàn	19
洞	dòng	8	冠军	guànjūn	9
端午节	Duānwǔ Jié	17	灌醉	guànzuì	7
对应	duìyìng	19	规矩	guīju	6
对照	duìzhào	4	规律	guīlǜ	6
躲	duǒ	13	过节	guò jié	9

E

耳机	ěrjī	19

H

含量	hánliàng	7
寒	hán	6
喊	hǎn	1
好心	hǎoxīn	18
好客	hàokè	7
和谐	héxié	14
恨不得	hènbude	13
后果	hòuguǒ	4
蝴蝶结	húdiéjié	18
胡萝卜	húluóbo	16
化解	huàjiě	7
画面	huàmiàn	13
患者	huànzhě	9
黄土高原	Huángtǔ Gāoyuán	6

F

发愁	fāchóu	11
发挥	fāhuī	9
翻卷	fānjuǎn	14
凡是	fánshì	11
放羊	fàng yáng	1
肺	fèi	14
废墟	fèixū	3
分享	fēnxiǎng	4
赋予	fùyǔ	17

G

概括	gàikuò	6
干杯	gānbēi	7
甘蔗	gānzhè	6
高档	gāodàng	18

J

机关	jīguān	4

生词表

肌肉	jīròu	2		**K**		
吉祥物	jíxiángwù	14		咖啡豆	kāfēidòu	16
记者	jìzhě	3		开导	kāidǎo	8
加重	jiāzhòng	9		开幕式	kāimùshì	3
佳节	jiājié	17		开胃	kāiwèi	6
假如	jiǎrú	11		看望	kànwàng	4
减肥	jiǎnféi	2		康复	kāngfù	9
酱	jiàng	14		抗震	kàng zhèn	3
节约	jiéyuē	12		可怕	kěpà	1
节奏	jiézòu	7		口才	kǒucái	7
结帐	jiézhàng	6		苦笑	kǔxiào	6
金库	jīnkù	12		**L**		
仅次于	jǐncìyú	17		朗读	lǎngdú	19
惊慌	jīnghuāng	3		捞	lāo	16
惊奇	jīngqí	18		老化	lǎohuà	2
惊吓	jīngxià	1		冷静	lěngjìng	3
竞赛	jìngsài	17		礼仪	lǐyí	7
敬酒	jìngjiǔ	7		利润	lìrùn	1
九寨沟	Jiǔzhàigōu	12		灵活	línghuó	1
酒吧	jiǔbā	18		令	lìng	11
酒精	jiǔjīng	7		喽	lou	11
酒酿圆子	Jiǔniàng-Yuánzi	6		陋习	lòuxí	7
酒席	jiǔxí	7		**M**		
救灾	jiù zāi	3		卖关子	mài guānzi	2
举办权	jǔbànquán	14		瞒	mán	11
具体	jùtǐ	1		民歌	míngē	18
俱乐部	jùlèbù	9		明显	míngxiǎn	6
绝望	juéwàng	3		目的地	mùdìdì	13

N

耐烦	nàifán	16
难得	nándé	4
难怪	nánguài	11
内容	nèiróng	19
能源	néngyuán	12
腻	nì	17
逆向	nìxiàng	8
年货	niánhuò	17
凝聚	níngjù	14
牛市	niúshì	11
农历	nónglì	17

P

佩服	pèifu	8
配套	pèitào	2
骗	piàn	1
品尝	pǐncháng	13
品味	pǐnwèi	7
平时	píngshí	1
铺	pū	18

Q

期盼	qīpàn	17
齐全	qíquán	2
旗手	qíshǒu	3
乞丐	qǐgài	4
气氛	qìfēn	7
亲情	qīnqíng	17
清澈	qīngchè	12
祛除	qūchú	6

痊愈	quányù	9

R

如此	rúcǐ	11
软化	ruǎnhuà	6

S

撒网	sǎwǎng	18
赛场	sàichǎng	9
色彩	sècǎi	12
山谷	shāngǔ	19
赏月	shǎngyuè	17
设立	shèlì	9
神经	shénjīng	2
升	shēng	18
生命	shēngmìng	8
盛情	shèngqíng	7
失业	shīyè	4
诗词	shīcí	17
狮子	shīzi	14
实际	shíjì	8
世博会	shìbóhuì	14
事实	shìshí	16
适宜	shìyí	13
手册	shǒucè	11
蔬菜	shūcài	12
思维	sīwéi	8

T

提醒	tíxǐng	4
舔	tiǎn	7
调节	tiáojié	6

同事	tóngshì	16	心思	xīnsi	3
屠龙	túlóng	8	心脏	xīnzàng	2
脱离	tuōlí	8	信任	xìnrèn	1
			行程	xíngchéng	1

W

挖	wā	3	形成	xíngchéng	6
外壳	wàiké	16	形容	xíngróng	19
旺季	wàngjì	1	性价比	xìngjiàbǐ	1
为难	wéinán	13	秀丽	xiùlì	12
未必	wèibì	13	学问	xuéwèn	8
未来	wèilái	13			

Y

稳固	wěngù	14	研究	yánjiū	13
无处不在	wú chù bu zài	12	液体	yètǐ	16
无聊	wúliáo	11	一辈子	yíbèizi	8
五彩	wǔcǎi	12	遗憾	yíhàn	13
舞蹈	wǔdǎo	18	疑惑	yíhuò	6
误会	wùhuì	16	一向	yíxiàng	11

X

			意识	yìshí	2
稀罕	xīhan	17	意味着	yìwèizhe	16
喜庆	xǐqìng	12	吟	yín	17
喜悦	xǐyuè	4	引起	yǐnqǐ	2
下载	xiàzǎi	19	英雄	yīngxióng	8
相反	xiāngfǎn	8	英勇	yīngyǒng	3
响应	xiǎngyìng	9	赢	yíng	13
向往	xiàngwǎng	11	优秀	yōuxiù	4
项目	xiàngmù	9	悠闲	yōuxián	7
象棋	xiàngqí	13	犹豫不决	yóuyùbùjué	11
橡皮	xiàngpí	19	游船	yóuchuán	18
消失	xiāoshī	19	有效	yǒuxiào	2
心理	xīnlǐ	3	鱼尾裙	yúwěiqún	8

预定	yùdìng	1		制品	zhìpǐn	12
预防	yùfáng	2		治疗	zhìliáo	4
元宵	yuánxiāo	17		珠穆朗玛峰	Zhūmùlǎngmǎ Fēng	8
韵味	yùnwèi	14		转折	zhuǎnzhé	19

Z

再三	zàisān	1		赚	zhuàn	11
在意	zàiyì	18		撞	zhuàng	18
在于	zàiyú	9		准确	zhǔnquè	14
造成	zàochéng	16		咨询	zīxún	1
展示	zhǎnshì	14		自豪	zìháo	4
哲学家	zhéxuéjiā	3		自信	zìxìn	18
正规	zhèngguī	2		足够	zúgòu	4
症状	zhèngzhuàng	4		组	zǔ	16
支撑	zhīchēng	14		钻	zuān	3
志愿者	zhìyuànzhě	9		做声	zuò shēng	13

北大版对外汉语教材·基础教程系列

风光汉语
中级听力 I

听力文本与参考答案

丛 书 主 编　齐沪扬
丛书副主编　张新明　吴　颖
主　　　编　吴跃平
编　　　者　吴跃平　毛　颖　赵可红　骆林娜

前 言

随着社会经济的发展,旅游日益成为人们生活中密不可分的重要部分。世界各地和中国都有着丰富的旅游资源,来中国旅游的外国游客数量逐年递增,中国公民的境外游人数也以惊人的速度上升。据世界旅游组织预测,到2020年,中国将成为世界上第一大旅游目的地国和第四大客源输出国。这种不断发展的新态势,促使日益兴旺的对外汉语教学事业需要朝着多元化的方向发展:不仅要满足更多的外国人学习汉语的需要,而且还要培养出精通汉语,知晓中国文化,并能够用汉语从事旅游业工作的专门人才。大型对外汉语系列教材《风光汉语》,正是为顺应这一新态势而编写的。

上海师范大学对外汉语学院设有HSK(旅游)研发办公室。作为国家级重点项目"汉语水平考试(旅游)"的研发单位,依靠学院自身强大的学科优势与科研力量,经过详尽的调查分析与严密的科学论证,制定出"HSK[旅游]功能大纲"和"HSK[旅游]常用词语表",为编写《风光汉语》奠定了重要的基础。而学院四十多年的对外汉语教育历史和丰富的教学经验,以及众多专家教授的理论指导和精心策划,更是这套教材得以遵循语言学习规律,体现科学性和适用性的根本保证。

上海师范大学对外汉语学院2005年申报成功上海市重点学科"对外汉语"。在重点学科的建设过程中,我们深刻地认识到教材的编写与科学研究的支撑是分不开的。HSK(旅游)的研发为教材的编写提供了许多帮助,可以这么说,这套教材就是HSK(旅游)科研成果的转化形式。我们将这套教材列为重点学科中的科研项目,在编写过程中给予经费上的资助,从而使教材能够在规定的期限内得以完成。

从教材的规模上说,《风光汉语》是一套体系完整的对外汉语教材,共分

26册。从教材的特点上说，主要体现在以下几个方面：

一、系统性

在纵向系列上，共分为六个等级：初级Ⅰ、初级Ⅱ；中级Ⅰ、中级Ⅱ；高级Ⅰ、高级Ⅱ。各等级在话题内容、语言范围和言语技能的编排顺序上，是螺旋式循序渐进的。

在横向系列上，各等级均配有相互协调的听、说、读、写等教材。在中、高级阶段，还配有中国社会生活、中国文化等教材。

因此，这套教材既可用作学历制教育本科生的主干教材，也适用于不同汉语学习层次的长期语言生。

二、功能性

教材以"情景—功能—结构—文化"作为编写原则，课文的编排体例以功能带结构，并注重词汇、语法、功能项目由浅入深的有序渐进。

此外，在着重培养学生汉语听、说、读、写的基本技能，以及基本言语交际技能的前提下，突出与旅游相关的情景表现（如景区游览、组织旅游、旅游活动、饭店实务等），并注重其相关功能意念的表达（如主客观的表述、旅游社交活动的表达、交际策略的运用等），努力做到语言训练与旅游实务的有机统一。

三、现代性

在课文内容的编写方面，注重在交际情景话题的基础上，融入现代旅游文化的内容。同时，较为具体地介绍中国社会的各个侧面、中国文化的主要表现与重要特征，以使教材更具创新性、趣味性、实用性和现代感。

四、有控性

教材力求做到词汇量、语法点、功能项目分布上的均衡协调、相互衔接，并制定出了各等级的词汇、语法和功能项目的范围与数量：

● 词汇范围

初级Ⅰ、Ⅱ以汉语词汇等级大纲的甲级词（1033个）、部分乙级词和HSK

（旅游）初级词语表（1083个）为主，词汇总量控制在1500—2000个之间。

中级Ⅰ、Ⅱ以汉语词汇等级大纲的乙级词（2018个）、部分丙级词和HSK（旅游）中级词语表（1209个）为主，词汇总量（涵盖初级Ⅰ、Ⅱ）控制在3500—4000个之间。

高级Ⅰ、Ⅱ以汉语词汇等级大纲的丙级词（2202个）、部分丁级词和HSK（旅游）高级词语表（860个）为主，词汇总量（涵盖初级Ⅰ、Ⅱ和中级Ⅰ、Ⅱ）控制在5500—6000个之间。

● 语法范围

初级Ⅰ、Ⅱ以汉语语法等级大纲的甲级语法大纲（129项）为主。

中级Ⅰ、Ⅱ以汉语语法等级大纲的乙级语法大纲（123项）为主。

高级Ⅰ、Ⅱ以汉语语法等级大纲的丙级语法大纲（400点）为主。

● 功能范围

初级Ⅰ、Ⅱ以HSK（旅游）初级功能大纲（110项）为主。

中级Ⅰ、Ⅱ以HSK（旅游）中级功能大纲（127项）为主。

高级Ⅰ、Ⅱ以HSK（旅游）高级功能大纲（72项）为主。

此外，在语言技能的训练方面，各门课程虽各有侧重、各司其职，但在词汇、语法、功能的分布上却是相互匹配的。即听力课、口语课中的词汇、语法与功能项目范围，基本上都是围绕读写课（或阅读课）展开的。这样做，可有效地避免其他课程的教材中又出现不少新词语或新语法的问题，从而能在很大程度上减轻学生学习和记忆的负担。同时，这也保证了词汇、语法重现率的实现，并有利于学生精学多练。因此，这是一套既便于教师教学，也易于学生学习的系列性教材。

本教材在编写过程中，得到北京大学出版社的大力支持：沈浦娜老师为教材的策划、构架提出过许多中肯的意见，多位编辑老师在出版此教材的过程中，更是做了大量具体而细致的工作，在此谨致诚挚的谢意。这套教材在编写过程中，曾经面向学院师生征集过书名，说来也巧，当初以提出"风光汉语"中选并以此获奖的旷书文同学，被沈浦娜招至麾下，并成为她的得力干将，在这套教材出版联络过程中起到极大的作用。

最后要说明的是，本教材得到上海市人文社会科学重点研究基地的资助，基地编号：SJ0705。

丛书主编

目 录

第 一 课	1
第 二 课	5
第 三 课	9
第 四 课	13
第 五 课	17
第 六 课	23
第 七 课	27
第 八 课	31
第 九 课	35
第 十 课	39
第十一课	44
第十二课	48
第十三课	52
第十四课	56
第十五课	60
第十六课	65
第十七课	69
第十八课	73
第十九课	77
第二十课	81

第一课

旅游咨询

练习

一、听句子，指出新词语

1. 黄佳佳一向认真负责，我们都很**信任**她，**平时**有什么事都喜欢听她安排。
2. 团队旅游的**行程**安排是**固定**的，而且全程都有导游，你可以看看具体介绍。
3. 就像商品的价格一样，商品的**性价比**也不是**固定**不变的，商店考虑的是**利润**。
4. 经**再三**比较，这种电脑虽然价格高，但**性价比**很好，看来可以**信任**这个推销员。
5. 留学生们都觉得考试期间比**平时**忙多了，大家都想**趁**这段时间，全面复习一下。
6. **旺季**旅游的成本加大了，所以旅行社几乎没有什么**利润**，但是**平时**的情况就不同了。
7. 我已经**咨询**过了，跟团旅游很方便，**预定**机票、饭店和**行程**安排都由旅行社来**负责**。
8. 你已经**再三**考虑了各方面的**具体**情况，那就快做决定吧，**旺季**旅游可得**趁**早报名啊。

二、听句子，并跟读

三、听一段对话，选择正确答案

（金大永给欣欣旅行社打电话，联系去云南旅游）

服务员：您好！这里是欣欣旅行社。

金大永：您好！我想**咨询**一下春节期间去云南旅行的情况。

服务员：好啊。您是以自助游的形式还是参加团队旅游？是否有具体打算呢？

金大永：自助游和团队旅游有什么区别？

服务员：自助游的**行程**，可以自己灵活安排。只是购买机票、预定酒店由我们负责；而团队旅游的行程安排是**固定**的，而且全程都有导游。

金大永：那还是团队旅游吧。五日丽江旅游团是多少钱？

服务员：三千二百元，如果现在报名的话，可以优惠一百元。

金大永：这个价格可是有点儿贵了。

服务员：您可能比较过各个旅行社的价格了。我们的确不是最便宜的，但却是性价比最高、服务最好的。

金大永：可是你们上个月的报纸广告上说的是两千四百元，怎么会涨了这么多呢？

服务员：我们也没有办法。春节期间是云南旅游的**旺季**。首先是机票价格上涨，其次是酒店几乎都订满了，价格也比**平时**贵，所以旅游成本加大，旅行社几乎没有什么**利润**。

金大永：别开玩笑了，你们还能不赚钱吗？

服务员：的确赚得很少。我们是靠与航空公司、酒店和旅游景点的长期合作关系，来降低成本。这么做，也是为了感谢顾客长期以来对我们的理解和支持。我们旅行社被广大顾客所**信任**，也正是因为这个缘故。

金大永：您说的也是。那我就**趁**早报个名吧，还有优惠。

服务员：好的，请留下您的联系方式。具体安排我会通知您的。

金大永：谢谢！

(请听问题，并选择正确答案)

1. 金大永想怎么去云南旅行？ （答案：A）
2. 现在报名的话，五日丽江旅游团在春节期间是多少钱？ （答案：D）
3. 欣欣旅行社与别的旅行社相比，有什么优点？ （答案：C）
4. 下面哪个不是五日丽江旅游团涨价的原因？ （答案：D）
5. 金大永给欣欣旅行社打电话是为了什么？ （答案：A）

四、再听一遍短文，辨别对错

（答案：1. 错 2. 错 3. 对 4. 对 5. 错 6. 错）

五、再听一遍，回答问题

答案：1. 自助游的特点是：灵活自由；团队游的特点是：有固定的行程安排，全程有导游。

2. 因为春节期间是云南旅游的旺季，机票和酒店的价格都上涨了，旅游成本提高了。

课文二（泛听）

狼 来 了

练习

一、听一段短文，选择正确答案

狼是一种**可怕**的动物，爱吃鸡鸭，爱吃羊。你们听说过"狼来了"的故事吗？在中国，无论老人还是小孩，都知道这个故事。

　　从前，有个十几岁的孩子，每天都去山上**放羊**。有一天，他看着羊儿都在安安静静地吃草，自己没事可做很无聊，就想跟村里人开个玩笑。他大声地**喊**道："狼来了，狼来了！"村里的人们听见喊声，都放下手里的活儿，赶快跑上山来。到了山上才发现，原来是孩子**骗**了他们。有人生气地对那个放羊的孩子说："这种玩笑可开不得啊！"

　　过了几天，人们又听见那孩子在山上喊"狼来了！"大家心里都在想，会不会又是开玩笑呢？一位老大爷说："这次应该不会吧，还是上山去看看吧。"果然，他们又上了那孩子的当。

　　没想到，第二天，狼真的来了。可是，无论那孩子怎么喊叫，都没有人上山来打狼。结果，羊全都被狼吃掉了。受到**惊吓**的孩子跑下山来，边哭边说："我真后悔啊！"可是，现在说后悔不是太迟了吗？又有什么用呢？

　　（请听问题，并选择正确答案）
　　1. 狼是一种什么样的动物？　　　　　　　　　　　　（B）
　　2. "狼来了"是一个什么样的故事？　　　　　　　　　（C）
　　3. "这种玩笑可开不得"是什么意思？　　　　　　　　（A）
　　4. 为什么狼真的来了，村里人却不来打狼呢？　　　　（D）

二、再听一遍短文，回答问题 🎧

　　（答案：1. 他后悔欺骗村里人闹着玩儿，结果害了自己。
　　　　　　2. 说谎、骗人没有好结果。）

三、再听一遍，把"狼来了"的故事讲一遍 🎧

第二课

骑自行车的好处

练习

一、听句子，指出新词语

1. 人们都已经**意识**到，人的身体总是会慢慢**老化**的，包括**肌肉**。
2. 经常骑自行车出行能**有效预防肌肉老化**，还能为环保做**贡献**。
3. 你就别**卖关子**了，快说说，**减肥**到底会不会引起皮肤**老化**啊？
4. 洗温水澡是一种放松**神经**，改善睡眠的**有效**方法，你可以试试。
5. 据说，每天坚持**步行**三公里，既能**减肥**又能**预防疾病**，保护**心脏**。
6. 环境问题**引起**了人们的重视，环保**意识**提高了，环保**标准**也更完善了。
7. 光有**预防疾病**的**意识**不行，还应制定健康饮食的**标准**以及其他**有效**措施。
8. 肥胖容易**引起心脏**病等多种疾病，所以爸爸为了**减肥**就天天**步行**上班了。

二、听句子，并跟读

三、听一段对话，选择正确答案

（金大永最近为了**减肥**开始骑自行车上学校。一天在校门口他遇见了同学芳子。）

芳　子：咦，金大永，你不是打的来学校的吗？怎么骑自行车啦？

金大永：芳子啊，这可是个秘密。不过，作为你的好朋友，好像又应该告诉你。

芳　子：你就别**卖关子**了。

金大永：好吧。你不是说我胖吗？你选男朋友的**标准**是高高瘦瘦的，所以我一定得减肥啊！

芳　子：金大永，你又开玩笑了。

金大永：这是真的。我减肥有一段时间了，可是依然这么胖。前几天我看了一份报纸，上面说骑自行车有很多优点，和跑步、游泳一样，是一种有益健康的体育活动，对减肥也很**有效**。来，我考考你。你知道骑自行车还有什么优点吗？

芳　子：当然了。骑自行车不仅能减肥，还能锻炼**肌肉**，而且还能对**心脏**加以保护，同时也可以**预防**大脑**老化**，让人的**神经**保持兴奋，让人越来越聪明！对了，你知道"世界无车日"吗？

金大永："世界无车日"就是在这一天全世界的人，都少开、少坐小汽车吧。

芳　子：说得没错。9月22日这一天，人们出行应该多乘公交车、骑自行车或者**步行**。"世界无车日"活动并不是拒绝汽车，而是要引起人们对环境问题的重视，提高人们的环保**意识**。

金大永：是啊，骑自行车没有污染，而且方便灵活，的确是绿色出行的好方式。以后每当我骑自行车时，就会觉得我在为改善环境做出一点小**贡献**。

芳　子：得了吧，你是为了自己减肥吧？哈哈……。就要上课了，我们快走吧！

（请听问题，并选择正确答案）

1. 课文中提到一些可以保护心脏的运动，哪个没提到？　　　（答案：D）
2. 芳子选男朋友有什么样的标准？　　　　　　　　　　　　（答案：B）

3. 下面哪个不是短文中提到的骑自行车运动的优点？　　　　（答案：B）

4. "世界无车日"的目的是什么？　　　　　　　　　　　　（答案：D）

四、再听一遍对话，辨别对错 🎧

（答案：1. 错　2. 对　3. 错　4. 错　5. 对　6. 错）

五、再听一遍，回答问题 🎧

（答案：1. 骑自行车对身体的好处：保护心脏、锻炼肌肉、预防大脑老化、减肥、使人聪明；别的好处：没有污染、方便灵活。

2. 9月22日是世界无车日。倡导人们在这一天少开车出行，应该多乘公交车、骑自行车或者步行。"世界无车日"活动就是要引起人们对环境问题的重视，增强人们的环保意识。3. 略）

课文二（泛听）🎧

租 房 子

练习

一、听一段对话，辨别对错 🎧

(在学校，王芳见到了丽莎)

王　芳：丽莎，好久不见了，最近在忙什么呢？

丽　莎：哎，我最近正在为租房子的事发愁呢。

王　芳：遇到什么问题了吗？说来听听。

丽　莎：我想把宿舍让给新同学，自己在外面租房子住，你有什么建议吗？

王　芳：对不起，我对这方面不熟悉，你去找房屋中介公司吧，他们可以提供专业服务的。

丽　莎：是吗？那太好了！

王　芳：不过你要找一家**正规**的中介公司，他们推荐的房子才让人放心。

丽　莎：好的，谢谢你，那我下了课就去。

（下课后，丽莎来到了太平洋中介公司。）

经　理：你好！小姐，您要租房还是买房啊？

丽　莎：你好！我要租房子，可对这方面又不太了解，麻烦你给我介绍一下吧。

经　理：好的。选房子不光要考虑面积大小，还得考虑不少其他因素。**地段**不同，租房的价格也会有**差异**。具体地说，就是交通便利的地方，房子的租金要比交通不便的地方贵；购物方便的地方要比购物不便的地方贵；**配套齐全**的要比配套不齐全的贵。你想租什么样的房子呢？

丽　莎：我需要一套学校附近的一室一厅的房子，购物要方便。租金在1500以内。

经　理：好的，我来帮你查一下。

丽　莎：谢谢你！

（请辨别对错）

（答案：1. 错　2. 错　3. 对　4. 对　5. 错）

二、再听一遍，回答问题

（答案：1. 她正为租房子的事发愁，因为她不知道应该怎么租。

2. 租房子应该注意：房子的面积、配套、地段、价格。

3. 她想租一套学校附近的一室一厅的房子，购物要方便。租金在1500以内。）

第三课

课文一

责 任

练习

一、听句子,指出新词语

1. 遇到危险时,**惊慌**是没有用的,应该**冷静**下来,好好想办法。
2. 大地震发生后短短几秒,人们就被压在了令人**绝望**的**废墟**下面。
3. 在四川**抗震救灾**中,面对危险,他们没有**惊慌**,表现得非常**英勇**。
4. 小学生林浩在**废墟**里**英勇**救人的事迹感动了**记者**,也感动了中国。
5. 2008年北京**奥运会开幕式**上,姚明和林浩成为了中国代表团**旗手**。
6. 洞里传来**绝望**的喊声,**记者**急忙**钻**进洞,**挖**出了压在石头下的孩子。
7. 地震发生后,救出被压在**废墟**里的人们,成了**抗震救灾**工作的重头戏。
8. 在地震灾区,人们不顾危险,钻进**废墟**,不停地**挖**着找着,救出了许多人。

二、听句子,并跟读

三、听一段短文,选择正确答案

2008年5月12日14时28分,中国四川发生了特大地震!短短几秒钟,教室不见了。9岁的林浩和同学们被压在**废墟**下面,眼前一片黑暗。

大家被**惊慌**、害怕、**绝望**等情绪压住了。有同学在哭、在叫，林浩慢慢地**冷静**下来，一个一个喊着同学的名字，安慰大家："不要怕，大人会来救我们的，我们一起唱歌吧。"于是，歌声响起来，大家渐渐平静了下来。这时，林浩发现自己左上方透着光，他试着动了动手脚——没受伤，就小心地向着透光处爬去。终于，爬出来了！林浩深深吸了一口气，然后赶紧回头救同学。他一边喊，一边找，**钻**到水泥板下面，用两只小手**挖**。手划破了，头部、身上多处受伤，可他什么都顾不上了，硬是从废墟里救出了两名同学，直到大人赶来。

事后有**记者**问他："你自己爬出来后，为什么不赶紧回去找爸爸妈妈，却冒着危险去救同学呢？""我是班长啊！"林浩一口回答道。

这一声回答深深感动了记者：一个九岁的小孩子，竟然也懂得了责任，这是有些成年人都没有做到的！

林浩以**英勇**救人的行为闻名全中国，更因其小小年纪就懂得了责任而感动了全中国！

林浩被全中国人民称为"**抗震救灾小英雄**"，并与作为中国代表团**旗手**的姚明，一起出现在北京**奥运会开幕式**上，小手牵大手，向全世界解释什么叫"责任"！

（请听问题，并选择正确答案）
1. 林浩帮助同学们稳定情绪时，没有用下面哪个方法？　　（答案：B）
2. 林浩自己爬出废墟后，没做的事是哪一件？　　（答案：B）
3. 林浩是什么时候受的伤？　　（答案：C）
4. 记者问林浩"为什么冒着生命危险救同学"，林浩是怎么回答的？
　　（答案：A）
5. 林浩的回答表现出了什么？请找出最相关的一个词。　　（答案：C）

四、再听一段短文，辨别对错 🎧

（答案：1. 错 2. 对 3. 错 4. 错 5. 对）

五、再听一遍，回答问题 🎧

（答案：1. 中国四川汶川发生了大地震。

2. 他爬出来以后，又返回去救同学。

3. 记者问他："你自己爬出来后，为什么不赶紧回去找爸爸妈妈，却冒着危险去救同学呢？"林浩的回答是"我是班长啊！"，一个九岁的小孩子就懂得了承担责任，这一点感动了所有的人。

4. 他们俩出现在2008年北京奥运会开幕式上。）

课文二（泛听）🎧

猜 心 思

练习

一、听一段短文，辨别对错 🎧

我这个人，特别会猜，几乎没有猜错的时候。同屋买了新衣服，我总能猜对价格。她总是很奇怪，每次都说："你是怎么猜到的啊？"我听了心里很高兴。新认识的朋友，我也总是能猜出他的年龄。大家都感到**不可思议**。其实我也不知道这是为什么。这可是我的一大**本领**啊！

但是，如果让我去猜别人的**心思**，看看别人在想什么，我肯定会放弃的。因为人的**心理**，特别是女孩子的心理，你是永远也猜不对的。中国有个故事，就是讲的这个道理。有一天，**哲学家**庄子邀请他的朋友惠子到河边散步，庄子看看河里的鱼说："你看这些鱼，多快乐呀！"惠子就说：

"你不是鱼,怎么知道鱼快乐还是不快乐呢?"庄子笑了笑,说:"你不是我,怎么知道我知道不知道鱼快乐不快乐呢?"

是啊,心里的事,别人怎么猜得到呢,只有你自己说出来。

如果你遇到了什么麻烦事,不要闷在心里面,最好跟好朋友或者家人说说。要是你不说,他们可能永远也猜不出来你为什么不开心,当然就无法帮助你了。

(1. 错 2. 对 3. 对 4. 错 5. 对 5. 错)

二、再听一遍,回答问题

(答案:1. "我"的本领是特别会猜。

2. 这个故事说明,别人的心思是很难猜到的。如果你需要别人帮助,就应该主动告诉别人你的心事,否则,别人是无法帮你的。

3. 略。)

第四课

课文一

不一样的幸福

练习

一、听句子，指出新词语

1. **乞丐**觉得有饭吃就**足够**了，可有的人已是**大富大贵**却还是不满足。
2. 只要不**出差**，她就每天挤出时间回家**看望**母亲，使家里充满**喜悦**。
3. 父亲说，不求**大富大贵**，也不要**抱怨**生活，只要一生平安就**足够**了。
4. 王总再忙也会抽时间回家陪父母，和他们**分享**团圆的**喜悦**，真是**难得**。
5. 不论你有多么**优秀**，因为做错了事而**失业**，只能怪自己，不要**抱怨**别人。
6. 黄佳佳唱歌比赛得了冠军，我们为她**自豪**，并与她一起**分享**成功的**喜悦**。
7. 小云**失业**了，我们都劝她通过考试进**机关**工作，可是她喜欢常**出差**的工作。
8. 她各方面都很**优秀**，在**机关**里工作时间不长，却取得了**难得**的令人**自豪**的成绩。

二、听句子，并跟读

三、听一段短文，选择正确答案

有三个母亲，第一个母亲的女儿去国外留学了，第二个母亲的女儿在**机关**工作，第三个母亲的女儿**失业**了。

三个母亲常在一起聊天，前两个母亲的脸上总是写满了**自豪**，总是在称赞自己的女儿是多么**优秀**。而这个时候，第三个母亲就会面带微笑，静静地分享着她们的**喜悦**。

第三个母亲的女儿听见她们的谈话后，心里很难受："妈，对不起，女儿没找到工作，不能让您像她们一样幸福。"母亲轻轻拍拍她："傻孩子，无论有没有工作，在妈的心里你都是最优秀的。妈每天能看见你就已经**足够**了，你带给妈的是和她们不一样的幸福。"

三年后，第一个母亲不再称赞女儿的出国，而是**抱怨**在这三年中，她天天盼，也没盼到女儿回家一次。

第二个母亲也不再称赞女儿的工作，而是抱怨在这三年中，她每天得照顾外孙，成天腰酸背痛，还**难得**见到晚归的女儿。

只有第三个母亲，还是常常面带微笑，幸福而满足。她的女儿在这三年中，不但找到了喜欢的工作，而且坚持只要不**出差**就每天挤出时间回家**看望**母亲。

其实，幸福就是一种感觉。富人赚到一大笔钱是一种幸福，**乞丐**讨到一顿饭也是一种幸福。一个母亲不一定非得要自己的孩子**大富大贵**，能经常见到自己的孩子，并且看到孩子平安、健康、快乐，就觉得自己是世界上最幸福的母亲。

（请听问题，并选择正确答案）
1. 为自己的孩子出国留学而感到自豪的是谁？　　　　　（答案：A）
2. 三年前，关于第三位母亲，下面哪句话正确？　　　　（答案：C）
3. 三年后，关于第三位母亲，下面哪句话不正确？　　　（答案：B）
4. 第三位母亲所说的"不一样的幸福"是指什么？　　　（答案：D）

四、再听一遍短文，辨别对错 🎧

（答案：1. 对　2. 错　3. 对　4. 对　5. 错　6. 错）

五、再听一遍，复述课文 🎧

课文二（泛听）🎧

不看病只吃药的人

练习

一、听一段短文，选择正确答案 🎧

现在去医院看病花钱越来越多，不少人都觉得自己看不起病了。于是有些病人就不去医院看病，而是习惯自己去药店买药治病。这样的人有三种：

第一种人是"久病成医"者。这种人凭着过去吃药的"经验"，去药店买药进行**治疗**。

第二种人是看广告"对号入座"者。这种人把自己的**症状**与报纸、杂志上的药品广告进行比较**对照**，看到治疗相同症状的药，就照着药名去药店买药。

第三种人是"道听途说"者。这种人生了病也不去医院看病，而是听朋友、同事们的话，他们说什么药很管用、很有效，他就去药店买这种药来吃，以为只要一吃这种药病就会好了。

我们想**提醒**这些人，药品虽然能够治疗疾病，但是不能经常随便服用。病人应该在医生的建议下吃专门的药来治病。如果连自己得了什么病都不清楚，就随便买药吃，那不仅不能治病，还有可能会带来不好的**后果**。所以病人自己买药吃一定要小心。

（请听问题，并选择正确答案）

1. 课文中的"久病成医"是什么意思？ （答案：D）

2. "对号入座"在课文中的意思是什么？ （答案：B）

3. 什么叫"道听途说"？ （答案：C）

4. 短文作者认为，生了病应该怎么办？ （答案：D）

二、再听一遍，回答问题

（答案：1. 因为去医院看病越来越贵，看不起病了。 2. 略。 3. 略。）

第五课

单元练习一

一、听下列句子,选择正确答案

1. 妈妈**左说右说**让芳子把电视关了去练习绘画,可是芳子跟没听见似的。
   问:芳子现在在做什么? (答案:D)

2. **不就是**感冒引起的发烧吗?针也打了,药也吃了,怎么这烧还退不下来啊?
   问:说话人是什么口气? (答案:B)

3. **怎么搞的**,这哪儿叫自助游啊,我看简直是花钱买罪受。
   问:说话人是什么意思? (答案:B)

4. **在我看来**这么有意思的电影,对老爸却毫无吸引力,他看着看着**居然**睡着了。
   问:这句话告诉我们什么? (答案:D)

5. 这台电脑的**性价比**很高,外表也漂亮,价格超实惠,相信你**迟早**会选择的。
   问:关于这台电脑,说话人没提到什么? (答案:D)

6. 老刘是**久病成医**了,他凭着过去吃药的"经验",不仅给自己开药,有时候还给邻居们瞧瞧病。还真有两下子!
   问:说话者觉得老刘怎么样? (答案:D)

7. 别看琳琳小小年纪,遇事可**冷静**了!做起事来也是有条有理的。
   问:说话人想表达什么? (答案:B)

8. 现在的年轻人啊,真是不得了啊!工作上**贡献**不大,走后门的本事倒不小。
   问:说话人对现在的年轻人是什么态度? (答案:C)

9. 我嫁给陈涛,一来是因为他高高瘦瘦的,符合我的**标准**;二来呢,他什么都懂,工作很有能力,又能歌善舞,让我很有面子。

  问:下面哪个不是陈涛的优点?   (答案:D)

10. 你看,那不是玛利亚·凯利吗?就是**以**一首 Hero **闻名**世界的歌星啊!错不了,就是她!

  问:说话人是什么样的心情?   (答案:A)

二、听下列对话,并选择正确答案

1. 女:怎么又是我的不是?是玛丽告诉我这么做的。
   男:你不要**被**她的好话**所**欺骗,她靠不住。
   问:男的是什么意思?   (答案:C)

2. 女:你了解马大山吗?
   男:再了解不过了。这个人办事很干脆,行就是行,不行就是不行,**只要**他答应你的事,**就**一定会办到。
   问:马大山这个人有什么特点?   (答案:D)

3. 女:雨越来越大了,你就不能换个时间再去?
   男:**不管**下多大的雨,我**也**得去,因为这是昨天商量好的事呀!
   问:男的是什么意思?   (答案:B)

4. 男:小姐,请坐!你想看什么样的房子?房子**配套齐全**不齐全价格可不一样。
   女:这倒无关紧要,重要的是房子**地段**要好,面积不能太小。
   问:对话最可能发生在什么地方?   (答案:C)

5. 男:听说,骑自行车不仅有助于**减肥**,还能保护我们的**心脏**。我以后每天都要骑一个小时的自行车。
   女:真是太阳打西边出来了!
   问:对话中,女的对男的说的话是什么态度?   (答案:D)

6. 女:我昨天看广告了,上面说我这个病啊,吃他们的药很**有效**。

男：广告是靠不住的！你啊，还是老老实实去医院听大夫怎么讲吧！

问：从对话中，我们了解了什么？ （答案：C）

7. 男：我去过不少地方了，比较起来，你们这儿的东西**算**是最便宜的。

女：哈哈，可不是嘛。

问：女的是什么意思？ （答案：A）

8. 男：后天就是小燕子的生日了，我妈说想给她买件漂亮衣服。

女：你赶紧告诉她，她孙女各式各样的衣服已经够多了，别再给她买了。

问：这两个人最有可能是什么关系？ （答案：B）

9. 女：刘东被公司录用了吗？

男：**别提了**。论专业知识、身体条件、工作能力都没说的，就是没有英语六级证书，真是无可奈何啊！

问：刘东在哪一点上不符合公司的录用条件？ （答案：D）

10. 女：其实张路的学习基础并不太好，总而言之他能够取得这样的成绩，完全是因为他很刻苦，时间也抓得很紧的**缘故**。

男：要不怎么说"天才出于勤奋"呢。

问：男的是什么意思？ （答案：A）

三、听和做——猜字游戏

1. 人有它则变大。

2. 朋友各一半。

3. 画时圆，写时方，冬时短，夏时长。

4. 一点一横两点乱蹦。

5. 你没有他有，天没有地有。

6. 又变心了。

（答案：1. 一　2. 有　3. 日　4. 六　5. 也　6. 恋）

备用（教师根据情况取舍）：

7. 半个月（胖）。

8. 没心思（田）。

9. 一个人，他姓王，兜里装着两块糖。（金）

10. 三口紧相连，不做品字猜。（目）

11. 一人一张口，口下长只手。（拿）

12. 上面雨水浇，下面山歪倒，像雨不是雨，漫天飘鹅毛。（雪）

四、听两遍录音，然后选择正确答案

(1–3题是根据下面这段话)

男：张玲，学汉语挺有趣，可是又挺难的，量词就够头疼的。

女：量词是比较难记，不过也是有方法的。比如，啤酒装在瓶子里，就说一**瓶**啤酒。

男：哦，倒在杯子里的牛奶是一**杯**牛奶。

女：没错。有平展表面的东西常常说一张，比如一张纸、一张床。你说，细而长的东西用什么量词呢？

男：是"**条**"吧？比如一条路、一条长裤。

女：行啊，你的量词学得可以嘛。

男：当然了，我是一条好汉嘛。你看，我长得瘦而高，是一"条"，"好汉"就是"聪明的帅男人"。所以一条好汉就是我这样的。

女：哈哈哈哈！就算你对了吧。

男：还有啊，那天我还在地上看见一张面包呢。

女：什么？一张面包？哪儿有这么说的呀？是一个面包。

男：不，是被人踩扁的面包，就像一张纸，不是一张面包吗？

女：啊？

(请听问题，并选择正确答案)

1. 下面哪一项中的量词在对话中都提到了？　　　　　　　　(A)

2. 关于量词的学习，张玲是怎么看的？　　　　　　　　　　(A)

3. 张玲最后说的"啊?"最可能是什么意思? (D)

(4-7题是根据下面这段话)

你可能没有听说过刘子歌这个人,但是几乎所有的中国人都知道她。这位19岁女孩,在北京奥运会上获得了女子200米蝶泳冠军,还打破了世界纪录。比赛的前150米,她都不是最快的。可是在最后50米,她越游越快,终于第一个到达终点,站在了最高领奖台上。和所有的运动员一样,刘子歌也经历了长期的刻苦训练。她七岁开始学游泳,12岁开始参加比赛,18岁进入国家游泳队。一年后获得奥运冠军。生活中的刘子歌非常可爱。喜欢读书,喜欢穿运动服,衣服不多,可都是上千块的。与同龄女孩不同的是,她没有手机,也从来不用电脑。她想得最多和做得最多的事就是游泳训练。也许这就是她成功的根本原因吧。

(请听问题,并选择正确答案)

4. 刘子歌是谁? (A)
5. 刘子歌做了什么? (B)
6. 她和运动员们都一样的是什么? (C)
7. 她为什么没有手机,不用电脑? (B)

(8-10题是根据下面这段话)

农民陈阿土终于有钱出国旅游了。他参加的旅游团住进一家大酒店,他一个人住一套房,开心极了。早上,服务员进来送早餐,门一开就大声说道:"GOOD MORNING SIR!"可是陈阿土听不懂英语。他想一定是问他"您贵姓"吧,就大声说:"我叫陈阿土!"没想到,服务员每天送早餐都要大声说同一句话。陈阿土不高兴了。这个服务员怎么这么笨,天天问名字,告诉他又记不住。他忍不住去问了导游。天哪!原来是问早上好啊,真是太丢人了。于是他反复练习,终于会说这句英语了。第二天,服务员一来,陈阿土就大声说道:"GOOD MORNING SIR!"谁知服务员大声回答:"我叫陈阿土!"

(请听问题,并选择正确答案)

8. 关于陈阿土,下面哪个不正确?   (D)
9. 陈阿土为什么不高兴了?   (D)
10. 这段话说明了什么?   (A)

五、学唱中文歌

第六课

课文一

中国人的口味

练习

一、听句子,指出新词语

1. 在**潮湿**的地区,吃辣椒能**祛除湿寒**之气,**甘蔗**可**代替**不了。

2. 山西人发现:醋能**软化**水土,吃醋还可以**开胃**助消化,从而少生病。

3. 如果去国外生活,就需要**调节**自己的饮食习惯,并**形成**新的生活**规律**。

4. 老吃甜的不一定能**开胃**,应该**调节**调节口味,甜味是不能**代替**其他味道的。

5. 中国东西部的**地理**环境有很大的不同,所以人们**形成**了很**明显**的口味差别。

6. 有人**概括**了这样一条幸福**规律**:学会**调节**自己,适应他人,就会快乐常在。

7. 吃酸的可以**开胃**,吃辣的可以**祛除寒气**,但都不能吃太多,更不能**代替**吃蔬菜。

8. 我国南方的梅雨季节,**潮湿**多雨,人会**明显**感觉不舒服,这是**地理**位置决定的。

二、听句子,并跟读

三、听一段短文，选择正确答案 🎧

中国人的口味很多、很杂，但有一定规律。可以用八个字概括：南甜、北咸、东辣、西酸。这反映了人们的口味与地理环境有关。

南方人喜欢吃甜的，最出名的要算苏州、无锡和上海人了。糖是他们做菜必需的原料。不喜欢吃糖的人，常常不习惯南方菜的甜味。这是因为南方气候温暖多雨，适合生产甘蔗，所以糖很多。这使得南方人自然地形成了吃甜的习惯。北方人不是不爱吃甜，只是过去糖很少，只好用"咸"代替"甜"来调节口味了。虽然北方现在不缺糖，但口味已经形成，不是一两天就能改变的。

人们说，四川人不怕辣，湖南人辣不怕，贵州人怕不辣。的确，川菜和湘菜都是以辣为主的，四川的"麻辣烫"更是全国闻名。喜辣的习惯多与气候有关。在潮湿多雾的地方，人们很难出汗，会感觉很不舒服，时间长了，还容易生病。吃辣椒能够全身出汗，有利于祛除湿寒，从而少生病。所以当地人都喜欢吃辣。

对山西人来说，醋显得非常重要。据说他们在吃饭前，往往通过喝三勺醋来开胃。山西等西部地区为什么爱吃醋呢？打开中国地图，你会发现这些地区处在黄土高原，水土很硬，而醋可以软化水土。当地人还发现，吃醋有利消化，能少生病。所以，渐渐形成了爱吃醋的习惯。

随着社会的发展，这种地区口味的差异，早已不那么明显了。

（请听问题，并选择正确答案）

1. 南方人习惯吃甜的是因为什么？ （答案：A）
2. 文中提到的北方人不喜欢吃甜的原因是什么？ （答案：D）
3. 在四川、湖南、贵州等地方，吃辣椒有什么好处？ （答案：B）
4. 对山西人来说，醋很有用。下面哪个不是醋的作用？ （答案：A）

四、再听一遍短文，辨别对错

（答案：1. 对 2. 对 3. 错 4. 对 5. 错 6. 错）

五、复述短文主要内容

答案：

地 区	口味	形成原因
南方	甜	气候温暖多雨，适合生产甘蔗，糖很多
北方	咸	过去糖很少，人们用"咸"代替"甜"，渐成习惯
东部	辣	潮湿多雾，不易排汗。辣椒生汗，祛除湿寒，少生病
西部	酸	当地水土硬，醋能软化，还能开胃、利消化、少生病

六、再听一遍，回答问题

1. 不同地区的人为什么会有不同的口味？酸甜咸辣你喜欢吃哪种口味？
2. "不怕辣"、"辣不怕"和"怕不辣"有什么不同？
3. 你们国家的菜和中国菜口味一样吗？有哪些不同？

课文二（泛听）

如此热情

练习

一、听一段短文，辨别对错

一天，李先生陪一位外宾来到中餐厅。他们刚坐下，一位女服务员便走了过来。她热情地倒茶水，递毛巾，李先生和外宾都满意地说着"谢谢！"不一会儿，一盆"**酒酿圆子**"端上来了，女服务员一边报了汤名，一边为他们盛汤。"先生，请喝汤。"外宾马上喝了两口，尽管很烫，以为这是吃中餐的**规矩**。服务员又说："先生，喝完我再给您盛。"外宾**疑惑**地看看李先生："我必须马上喝完吗？"李先生笑着摇了摇头。服务员站在一旁，不停地问他们还有什么需要。他俩连声说："不用了，谢谢！"

吃了一会儿，外宾取出一支香烟拿在手上，**苦笑**着对李先生说："这里的服务真是太热情了，让人有点儿……""先生，您要抽烟啊，我帮您点烟。"女服务员说着就拿起了打火机。"啊？哦……好！好！"外宾被弄得很不好意思。接着，服务员又往他们碗里夹菜。外宾急忙说："不用，不用，我自己来吧。"没想到那服务员却说："别客气，这是我应该做的。"边说边继续夹菜。李先生和外宾嘴里连说："谢谢！谢谢！"头上却冒汗了。他们**匆匆**吃了几口，赶紧**结账**走了。

(请辨别对错)

(答案：1. 错　2. 错　3. 错　4. 错　5. 对　6. 对)

二、再听一遍，回答问题

(答案：1. 倒茶、递毛巾、报汤名盛汤、点烟、夹菜。

2. "如此热情"意思是：像这样的热情让客人受不了。

3. 因为女服务员过分热情的服务让他很不好意思，很受不了。人在以下情况下往往会冒汗：太累、太热、病痛难忍、被惊吓、紧张害怕、非常不好意思、难为情等。4.略)

第七课

课文一

中国的酒桌文化

练习

一、听句子，指出新词语

1. 在**酒席**上，主人**敬酒**往往一口喝干，**盛情**之下客人自然也要**干杯**。
2. 哈利热情**好客**，**口才**也不错，宿舍里欢乐的**气氛**常常引来不少朋友。
3. 那种在**酒席**上硬把人**灌醉**才高兴的做法是一种**陋习**，是最要不得的。
4. 亲朋好友相聚时，不喝**酒精含量**高的酒，也不**敬酒**，**气氛**一样很热闹。
5. 中国人的热情**好客**在酒桌上**表现**得特别充分，而且需要好**口才**来展现。
6. 小周不会喝酒，却想**表现**得会喝，于是装出**干杯**的样子，其实只是**舔**了舔。
7. 李伯伯很**好客**，喜欢热闹的家庭**气氛**，在他**盛情**邀请下我们去了好几次了。
8. 白酒的**酒精含量**高，容易喝醉，你要是不会喝，**舔**一下就行了，没人会**灌醉**你的。

二、听句子，并跟读

三、听一段短文，选择正确答案

中国人喜欢喝酒，也喜欢交朋友。于是，中国人的热情**好客**就在酒桌上**表现**得特别充分。中国人**敬酒**时，总希望客人多喝点，客人喝得越多，主人越高兴，说明客人把自己当朋友看。只要一桌酒喝完，主人与客人就自然成了朋友。

一般**酒席**一开始，主人先讲上几句话，主要是感谢各位客人的光临，然后便开始了第一次敬酒。这时，主人、客人都要站起来，主人把杯子里的酒一口喝干，这叫"先干为敬"，**盛情**之下客人自然也要**干杯**。接下来，主客之间相互敬酒，开始了**口才**表演。一方想出各种理由让对方喝酒，对方就找出种种不喝酒的理由。在这过程中，你会听到各种有趣的敬酒语，比如："感情深，一口闷；感情浅，**舔一舔**。"喝酒喝出了感情，喝出了友谊，这是好事。但这样的敬酒往往很容易让人醉，喝醉了就伤身体了，而硬把人**灌醉**才高兴则是一种**陋习**，是最要不得的。

中国人最喜欢喝的是白酒，因为白酒**酒精含量**高，容易让人兴奋。一桌人都兴奋起来，那就热闹了。中国人之所以爱喝白酒，说到底还是因为爱热闹。中国的春节晚会年年办，要的就是热闹。北京奥运会的那股热闹劲儿就更别提了。"有朋自远方来"，**气氛**不热闹怎么行？因此，中国有句老话，叫"一人不喝酒"，来三五个朋友也好，来一大桌的朋友也好，反正要的就是个热闹。

（请听问题，并选择正确答案）
1. 短文的主要内容是什么？　　　　　　　　　　（答案：D）
2. 酒席一开始的情况一般是什么样的？　　　　　（答案：A）
3. 下面哪一项是短文作者认为最不应该的？　　　（答案：B）
4. 关于短文，下面哪句话不正确？　　　　　　　（答案：B）
5. 中国人喜欢喝白酒的真正原因是什么？　　　　（答案：C）

四、再听一遍短文，辨别对错

（答案：1. 错　2. 对　3. 错　4. 错　5. 对）

五、再听一遍，回答问题 🎧

(答案：1. 因为客人喝得多，说明把主人当朋友看，主人当然高兴。

2. 第一次敬酒时，主人、客人都要站起来，主人先干为敬，客人也会干杯。

3. 最要不得的是硬把人灌醉才高兴的做法。因为喝醉酒是很伤身体的。

4. 如果敬酒的双方有感情，就把酒一口喝完；如果双方感情不深，就舔一舔。

5. 中国人爱喝白酒的真正原因是喜欢热闹，而白酒的酒精含量高，人喝了容易兴奋，大家都兴奋当然就非常热闹。)

课文二（泛听）🎧

品 酒

练习

一、听一段短文，选择正确答案 🎧

"Cheers"本是来自西方的喝酒**礼仪**，但当翻译成中文的"干杯"时，其中的内容却大不相同了。前者是"品"，细细地**品味**，慢慢地享受；后者是"喝"，一口喝光一杯酒，干脆喝个痛快。

中文的"品"字很有意思，由三个"口"组成，要一小口一小口地才能品出味道来。但在酒桌上，中国人品味的不光是"酒"还有"菜"，品评菜肴的味道是酒桌上一个重要的话题。酒桌上还要品出"情"来，亲朋好友之间的情谊尽在酒中。再看看西方的酒会，菜很少，简单的三四道，有时甚至没有菜，品味的自然就是酒了，空口喝酒当然不可以"干杯"了。

品酒有品酒的乐趣，一边慢慢地品味，一边**悠闲**地聊天，要的是工作以外的轻松；干杯有干杯的乐趣，**节奏**快，要的是个热闹，是工作中的问题在酒杯中的**化解**。两种酒文化，各有长短，能相互补充就好了。否则，就只有客随主便，按照主人一方的喝酒礼仪行事了。

（请听问题，并选择正确答案）

1. 短文讲的内容是什么？　　　　　　　　　　　　　　　（D）
2. 关于"cheers"，哪句话正确？　　　　　　　　　　　　（C）
3. 关于"品"字，不正确的是哪一项？　　　　　　　　　　（D）
4. 短文中提到的两种酒文化是怎么样的？　　　　　　　　（B）

二、再听一遍，回答问题

（答案：1. cheers 是"品"酒，细细地品味，慢慢地享受；"干杯"是"喝"酒，一口喝光一杯酒，干脆喝个痛快。

2. 中国人品味的不光是酒还有菜，西方人主要是品酒。

3. 这句话的意思是：工作中出现的问题或是不愉快，喝完酒以后就不存在了。4. 略。5. 略）

第八课

课文一

人生三问

练习

一、听句子,指出新词语

1. 陈老师很有**学问**,做事方法也很**灵活**,我们都挺**佩服**他的。
2. 以前的人是用**柴火**烧水,用**茶壶**装茶的,后来有了很多**创新**。
3. 我觉得那些登上世界最**高峰**——**珠穆朗玛峰**的人,真是大**英雄**啊。
4. 做事情要敢于**创新**,方法要**灵活**,不要只朝着一个方向想问题。
5. 成龙演的电影都非常精彩,在我心目中,他是一位令人**佩服**的**英雄**。
6. 做学问要对社会有用,不要**脱离实际**,一**辈子**其实不长,不要浪费**生命**。
7. 中国古代那个学**屠龙**的故事说明,如果**脱离**了**实际**,就什么学问也做不成。
8. 我们都知道**珠穆朗玛峰**是世界第一**高峰**,多数人一**辈子**也不可能爬上去的。

二、听句子,并跟读

三、听一段短文,选择正确答案

上课铃响了,老师对同学们说:"这节课我们来讨论三个问题。""请问,世界第一高峰是哪座山?"大家轻松地回答:"珠穆朗玛峰!"老师接着问:"第二高峰呢?"这下同学们你看我,我看你,没人说话了。老师转过身,在黑板上写道:"第二名"等于"无名"。

老师停了停,说:"好,我们来看第二个问题。有个人烧开水,可是等他点好火才发现**柴火**不够,他该怎么办?"同学们议论**纷纷**,意见差不多都是赶快找柴火,或者去借,或者去买。老师笑笑说:"为什么不把**茶壶**里的水倒掉一些呢?"同学们一听,一片**佩服**声。

接下来,老师又提出了第三个问题:"中国古代有一个人,想学一种别人都不会的技术。他经过反复比较,决定去学**屠龙**。于是,他找名师,日夜苦练,终于学成了。大家说他会怎么样呢?"同学们充满了兴趣,说他不仅能靠这一技术过上好日子,还能成为**英雄**。老师听了摇着头说:"这个人一定会穷一**辈子**,因为世上根本就没有龙。"

经过三个问题的讨论,大家明白了,原来这节课老师要说的就是做人、做事、做学问的道理。做人要尽量做到第一,这样别人才能发现你、记住你;做事要敢于**创新**,方法要**灵活**,不要只朝着一个方向想问题;做学问要对社会有用,不要脱**离**实际,以免浪费自己的时间和**生命**。

(请听问题,并选择正确答案)
1. 关于老师问的三个问题,下面哪一句话正确? (答案:D)
2. 第一个问题说明了什么道理? (答案:D)
3. 第二个问题让我们明白了什么? (答案:C)
4. 知道了第二个问题的答案后,同学们一片佩服声,是因为什么?
(答案:B)
5. 第三个问题告诉我们什么道理? (答案:D)

四、再听一遍短文,辨别对错

(答案:1. 错 2. 对 3. 错 4. 对 5. 错)

五、再听一遍，根据课文填空并连线，然后复述课文 🎧

第一个问题	学成屠龙技术会怎么样？	做学问	要	对社会有用，
			不要	脱离实际。
第二个问题	点好火，柴火不够怎么办？	做人	要	尽量做到第一。
第三个问题	世界第二高峰是哪座山？	做事	要	敢于创新，方法灵活，
			不要	只朝一个方向想问题。

连线：
- 第一个问题 → 世界第二高峰是哪座山？ → 做学问
- 第二个问题 → 点好火，柴火不够怎么办？ → 做事
- 第三个问题 → 学成屠龙技术会怎么样？ → 做人

课文二（泛听）🎧

逆向思维

练习

一、听一段短文，选择正确答案 🎧

一家衣服店的经理不小心把一条很贵的裙子的边烧了一个洞，怎么办呢？不卖了吧，损失太大；把洞补起来再卖吧，那是在欺骗顾客。这位经理想了想，突然想到一个好主意，他干脆在小洞的周围又剪了许多小洞，改成一条"鱼尾裙"。"鱼尾裙"一下子火了起来，这家商店也出了名。

这位经理遇到问题时，朝着**相反**的方向找答案，我们称这种想问题的方法为"逆向思维"。

运用逆向思维，不但可以让我们在学习、事业上获得成功，有时还可以减少生活中的烦恼。

王妈妈有两个儿子，大儿子染布，小儿子卖雨伞。她想，要是下雨，大儿子染的布就没法晒干；要是天晴，小儿子的伞就没人买，所以每天都

在担心。一位邻居**开导**她,叫她反过来想:雨天,小儿子的伞就好卖;晴天,大儿子染的布很快就能晒干。可不是,这么一想,王妈妈心里就舒服多了。

(请听问题,并选择正确答案)

1. 裙子的边上被烧了一个洞,经理是怎么做的? (D)
2. "鱼尾裙一下子火了起来",这句话是什么意思? (C)
3. 短文里,"逆向思维"的作用不包括什么? (A)
4. 关于王妈妈的故事,正确的是哪一句话? (C)

二、再听一遍,回答问题

(答案:1. 经理运用了逆向思维,想出了好办法。

2. 逆向思维就是换个角度想问题,甚至是朝着相反的方向想问题。

3. 有。"课文一"中的第二个问题就是运用了逆向思维。)

第九课

生命的奥运

练习

一、听句子，指出新词语

1. 医学上一般认为，**癌症**的**痊愈**期是五年左右。
2. 去医院的目的在于检查一下他的**病情**有没有**加重**。
3. 心中**存**有希望的**患者**，都加入了这个**康复俱乐部**。
4. **志愿者**们每周都去医院看望**患者**，祝他们早日**康复**。
5. 请放心，**康复**训练不会**加重**你的**病情**的，对你有好处。
6. 一群上海的**癌症患者**，成了北京**奥运会赛场**里的特殊观众。
7. 据说，**俱乐部**会员获得的各种奖牌，包括**冠军**奖牌都**存**在这里。
8. 在北京**奥运**期间，无论在**赛场**还是奥运村，青年**志愿者**都起了重要作用。

二、听句子，并跟读

三、听一段短文，选择正确答案

在北京奥运会的赛场里，有一群特殊的观众，他们都是**癌症患者**。他们的故事感动了无数的健康人。

2003年11月的一天，上海癌症**康复俱乐部**里，1800多名癌症患者喊出一个口号："健康活五年，北京看奥运！"现代医学认为，癌症的**痊愈**期一般是5年。如果他们能等到北京奥运会，不就是等到了活下去的希望了吗？

从这天起，他们要每天**存**2元钱，五年存够去北京的车费。这看起来是很容易的事，但对于他们却十分困难，因为治病已经花去了他们所有的钱。然而他们觉得存钱的意义**在于**存入生命的希望和信心，不管多难也得坚持。每年春节，病友们都要在一起庆祝多活了一年。

然而，他们天天都在经历痛苦。邱阿姨**病情加重**，放弃了存钱。可她的儿子却替她存上，鼓励妈妈坚持！七十岁的杨老伯，手术后医生说他最多再活6个月。他不相信，天天坚持存2元，居然真的活过了五年！陈奶奶对丈夫说，即使我的腿不能走路了，你也要推着我去北京。年纪最小的肖琨才14岁，他只坚持了99天。"妈妈，把我存的钱给病友吧，让他们继续下去。"这是他最后的话。

五年过去了，他们中有165人报名去北京为奥运加油。人们被深深感动了，纷纷提供支持。两家大公司帮他们买了奥运会门票，青年**志愿者**还把他们从上海一直送到北京。他们开心地笑了，像运动员赢得了奥运**冠军**一样兴奋！

（请听问题，并选择正确答案）
1. 这篇短文主要告诉我们什么？　　　　　　　　（答案：D）
2. 从短文中我们可以知道什么？　　　　　　　　（答案：C）
3. "健康活五年，北京看奥运"是个什么活动？　　（答案：A）
4. 为什么这次活动的时间定为五年？　　　　　　（答案：B）
5. 许多健康人被深深感动，下面哪个不是感动的原因？（答案：C）

四、再听一遍短文，辨别对错

（答案：1. 对　2. 错　3. 错　4. 对　5. 对　6. 对）

五、再听一遍，回答问题 🎧

（答案：1. 癌症患者用战胜疾病、跟生命赛跑的行动，表现出了顽强拼搏的奥运精神。

2. 略

3. 这是一个对癌症患者的康复非常有意义的活动。

4. 希望、信心、坚持。）

课文二（泛听）🎧

中国应该有体育节吗？

练习

一、听一段对话，选择正确答案 🎧

（2008年8月，北京正在举行第29届奥运会。李阳和同学王兰都是赛场志愿者，两人都在回学校的车上。）

李　阳：王兰，今天忙得怎么样？

王　兰：还好，今天比赛**项目**不多。你呢？

李　阳：我们今天是最忙的，又累又热。不过，运动员更辛苦。

王　兰：是啊。我也觉得他们个个都很了不起！观众也非常热情，奥运会真像过节一样让人兴奋啊！

李　阳：对了，你听说关于**设立**中国体育节的事了吗？

王　兰：噢，我是在网上看到的。一位网友建议，将8月8日定为中国体育节，来纪念北京举办奥运会。

李　阳：据说有很多网友**响应**，有几十家报纸都表示支持呢。

王　兰：没错。不少人说，可以在体育节这一天开展群众体育活动，以达到全民健身的目的。

李　阳：还有人说，中国应该有自己的体育节，8月8日是最合适的。而且，体育是最好的医生和药品。越多的人参加体育运动，生病的人就会越少了。

王　兰：不过也有不同意的。他们认为，重视体育不一定非要有体育节。中国的节日不算少了，不如好好**发挥**传统节日的作用。

李　阳：是的，有网友甚至说，设立体育节，那是不是还得设文化节、卫生节、交通节呢？

王　兰：好像也有道理。这可是个大事，相信政府会认真研究的。

（请听问题，并选择正确答案）

1. 关于李阳，下面哪一个是不对的？　　　　　　　　　　(B)
2. 关于王兰，我们知道了什么？　　　　　　　　　　　(C)
3. 李阳和王兰在谈论什么话题？　　　　　　　　　　　(B)
4. 关于设立中国体育节，哪个不是网友提出的理由？　　(A)
5. 下面哪一句是对话中提到的意思？　　　　　　　　　(A)

二、再听一遍，复述主要内容

三、听后讨论

1. 中国应该把8月8日设为体育节吗？为什么？
2. 你们国家有没有体育节？是几月几号？
3. 你知道哪几个中国的节日（全民放假的）？

第十课

单元练习二

一、听下列句子，并选择正确答案

1. 广东厨师可真有两下子，连癞蛤蟆都能做成好吃的菜。
   问：这句话说明了什么？　　　　　　　　　　　（答案：C）

2. 老大不小的人了，还在做梦当大**英雄**啊！想点儿有用的吧，别再浪费自己的**生命**了。
   问：说话人是什么口气？　　　　　　　　　　　（答案：A）

3. 你在我们医院就放一百个心吧，经过我们的**治疗**，你迟早会好起来的。
   问：从这句话我们可以知道什么？　　　　　　　（答案：C）

4. 吸烟有害健康，经常吸烟身体会**吃不消**，但是酒偶尔干几**杯**不要紧。
   问：说话人是什么意思？　　　　　　　　　　　（答案：B）

5. 这身衣服样式不错，价格也不算贵，大小也合适，就是穿在我身上**显得**有点儿老气，真扫兴。
   问：说话人觉得这身衣服怎么样？　　　　　　　（答案：C）

6. 让你平时多看书，有时间做点**学问**，偏不听，现在出洋相了吧？
   问：下面哪个词语可以代替"出洋相"？　　　　　（答案：C）

7. 运动会上我们队失败了，大家都很难过，可是小李过来还**一个劲儿地说风凉话**。
   问：说话人对小李是什么态度？　　　　　　　　（答案：D）

8. 食堂装修后,不仅卫生条件改善了,环境变优美了,而且也添了很多开胃菜,就是服务员的态度还是**冷冰冰**的,让人**没胃口**。

　　问:关于食堂哪句话不对? （答案:B）

9. 我们家那位嘴上吵着要**减肥**,可整天坐着不动,你一说她,她就跟你急,真伤脑筋啊!

　　问:这句话告诉我们什么? （答案:B）

10. 你哪儿不能烧,非要在这么贵的衣服上烧个洞,你成心的吧?

　　问:"成心"是什么意思? （答案:B）

二、听下列对话,并选择正确答案

1. 女:面试又失败了,我都**绝望**了,再也不找工作了。
　　男:别泄气,失败是成功之母嘛。
　　问:男的想表达什么? （答案:D）

2. 男:要我给你介绍中国菜嘛,可以简单地**概括**为一句话:南甜,北咸,东辣,西酸。
　　女:东西南北,我都走过了,我看这话一点儿不假。
　　问:女的是什么意思? （答案:A）

3. 女:各位请注意,请你们都按次序排好队,依次入场,请把票都拿出来。
　　男:您好,我的女朋友还没到,可是她的票在我这儿,这可怎么办啊!
　　问:对话最有可能发生在什么地方? （答案:C）

4. 男:我给你介绍个小伙子,人很善良,又有**学问**,不过矮了点,家庭条件也不怎么样。
　　女:只要他有学问,家庭条件我倒无所谓,个子矮一点就矮一点吧。
　　问:女的觉得找对象,什么最重要? （答案:D）

5. 男:这篇文章你翻译得**准确**吗?我怎么觉得哪儿不对劲儿啊?
　　女:八九不离十吧。
　　问:女的认为翻译得怎么样? （答案:C）

6. 女：小方做事真没说的！人家头脑又**灵活**，思维方式也跟一般人有所不同。

   男：他不就是聪明了一点吗？别大惊小怪的。

   问：男的是什么意思？　　　　　　　　　　（答案：C）

7. 男：你们知道吗？小李要当**记者**了！

   女：别瞎说！这事儿八字还没一撇呢。

   问：女的是什么意思？　　　　　　　　　　（答案：D）

8. 女：你对我如此热情，不会是有什么想法吧？

   男：怎么会呢？你看我是那种人吗？愿意帮助你总没什么错吧。

   问：两人最有可能是什么关系？　　　　　　（答案：A）

9. 女：你看，李娜跳起舞来一点儿**节奏**感都没有。要说跳得好的，恐怕要**算**马玲和赵霞了。

   男：李娜还是比我赵刚好多了，至少没有出过洋相。

   问：谁跳舞跳得最不好？　　　　　　　　　（答案：B）

10. 女：李强在这次运动会上还能拿**冠军**吗？

    男：他被大家认为是最有希望拿冠军的游泳运动员，可是他在比赛前几天忽然得了莫名其妙的重病，**不得不**退出比赛，真遗憾。

    问：从对话中我们可以知道什么？　　　　　（答案：B）

三、听和做——词语接龙

教师先说一个词语，请学生用这个词语的最后一个字，或者是这个字的同音字作为下一个词语的开头字，说一个新词语。依次进行，速度要快。

如：希望——忘记——记住——住房——房子——子女——女生——生活；

高兴——兴奋——愤怒——怒火——火车——车站——站台——台风；

责任——任务——务必——必须——需要——要点——点心——心思。

四、听两遍录音，然后选择正确答案

（1-3题是根据下面这段话）

男：现在是六点二十五分，再过五分钟我爸爸准到。

女：王先生真的那么准时吗？

男：你放心，没问题。不过，小李，我再一次地提醒你，放弃采访他的想法。

女：为什么？

男：因为你什么结果也不会有。我甚至可以提前告诉你，他会怎么回答你，连用什么词，我都能准确地告诉你。

女：人家都说"知子莫如父"，我看倒过来说，"知父莫如子"，对你挺合适的。

男：你不信？那你听我说，当他知道你是一个记者，他的第一句话就是："对不起，我不想和记者打交道。"

女：不过，我还是想碰碰运气。

男：看来你是"不到黄河心不死"啊。

女：我是到了黄河也不死心。你看，王先生来了。

（请听问题，并选择正确答案）

1. 他们在谈论什么？　　　　　　　　　　　　（答案：C）
2. "不到黄河心不死"是什么意思？　　　　　　（答案：C）
3. "知子莫如父"是什么意思？　　　　　　　　（答案：B）

（4-7题是根据下面这段话）

我女儿已经大学二年级了。放暑假的时候她准备跟两个同学到百货大楼去打工。本来我和丈夫都希望她利用暑假好好复习复习功课，可女儿说："要靠自己的本领挣钱交学费。"我们觉得她说的也有道理，让她锻炼锻炼吧。

第一天下班回来，女儿激动得不得了，觉得自己长大了，能挣钱了。

第二天晚上回来,她给我们讲各种顾客买东西时的不同心情,觉得又新鲜又有意思。第三天回来她说头疼、腰疼,哪儿都疼。临睡时,她对我说:"妈,我现在才知道你跟爸挣钱多不容易啊!"开学了,女儿送给我们一些礼物,临去学校时,她忽然说:"以后我一定要当老板,做一个百万富翁。"听到这话,我和丈夫都呆住了。

(请听问题,并选择正确答案)

4. 女儿打算怎样过暑假? （答案:A)

5. 女儿的父母是做什么工作的? （答案:D)

6. 下面哪一个不是女儿下班后的表现? （答案:D)

7. 女儿为什么想以后当老板? （答案:D)

(8-10题是根据下面这段话)

最近本报记者对香港市民作了一项有关电视节目观看程度的调查。在这项调查中,2000名15到54岁的香港市民接受了电话采访。每个被访问者都会被问到这样的问题:观看电视的专心程度、感兴趣程度、收看原因等。调查发现,电视连续剧最受女性观众欢迎,她们在观看时也最专心、投入。新闻及时事节目紧随其后。体育节目占第三位。不过体育节目是女性最不专心观看的节目。有关音乐及艺术类的节目收视率最高,但被访问者最不专心观看。

(请听问题,并选择正确答案)

8. 这项调查是由哪里的记者做的? （答案:C)

9. 香港女性最不专心看的节目是什么? （答案:A)

10. 这项调查不包括下面哪项内容? （答案:D)

第十一课

课文一

我来帮你出主意吧

练习

一、听句子,指出新词语

1. 下课**喽**,下课**喽**,快回家吧。
2. 这种事儿一向都很不好办的,**难怪**黄佳佳这么**发愁**呢。
3. **凡是**喜欢**吹牛**的人,都没有真本事,令人不喜欢、不信任。
4. 不**瞒**你说,我也不知道怎么办,说帮你**出主意**是跟你**吹牛**呢。
5. 这本《旅行**手册**》里介绍的地方都是**如此**美妙,真令人向往啊!
6. **凡是**令你**犹豫不决**的事,都不要急于决定,可以让朋友**出主意**。
7. 哥哥**一向**实实在在的,从不喜欢**吹牛**,**难怪**能有**如此**之多的朋友。
8. 要是遇到头疼的事儿,别**瞒**着大家一个人**发愁**,也许大家能帮你**出主意**。

二、听句子,并跟读

三、听一段对话,选择正确答案

(学院组织留学生去旅游,一个人只能去一个地方。哈利去丽莎宿舍,问她打算去哪儿)

丽　莎:桂林山水一向以"山青、水秀、洞奇"三绝而闻名天下。其

第十一课

中……

哈　利：丽莎，你在说什么呢？

丽　莎：是哈利啊，你来得正好。我在看《中国旅游手册》呢。这几个地方我都想去，可又不能都去，真是**令人发愁**啊。

哈　利：**用不着**发愁，我来帮你出主意吧。先告诉我，去旅游你最想玩儿些什么、看些什么。

丽　莎：这手册里介绍的地方都挺合我意的。我**向往**桂林的山水，黄山的奇松怪石，也很想看看青岛的海滩，尝尝西安的美食、成都的小吃，还有……

哈　利：等等，你了解的好地方还真不少啊！可一个人只能去一个地方啊？

丽　莎：就是啊，所以我才**犹豫不决**呀，**到底**去哪儿好**呢**？哈利，你不是要帮我出主意吗？你说我该选择哪个地方呢？

哈　利：**凡是**你想去的地方，我**都**会陪你去的。

丽　莎：哎呀，不跟你开玩笑。我问你我应该去哪儿。

哈　利：嗯……这道选择题真难啊！**难怪**你决定不了呢。

丽　莎：那你决定去哪儿了吗？

哈　利：我嘛，不**瞒**你说，也没决定呢。

丽　莎：啊？你自己都没决定，还说帮我呢。我就知道你在吹牛呢！

哈　利：别急别急，让我想想，嗯……有了！

丽　莎：去哪儿？

哈　利：去找金大永他们商量商量吧。

丽　莎：咳，这算什么好主意啊！

哈　利：这你就不懂了吧？多一个人想，就会多一点儿主意嘛。

丽　莎：好吧，也只好**如此**喽。靠你是不行了。走吧。

（请听问题，并选择正确答案）

1. 丽莎为什么发愁？　　　　　　　　　　　　　　　　　（答案：C）

2. 丽莎为什么说"我就知道你在吹牛呢"？　　　　　　　　（答案：D）

3. 哈利给丽莎出了什么主意？　　　　　　　　　　　　　（答案：B）

4. 哈利说去找大永他们商量，丽莎是什么态度？　　　　　（答案：B）

四、再听一遍对话，辨别对错 🎧

（答案：1. 错　2. 对　3. 对　4. 错　5. 错　6. 对）

五、再听一遍，边听边填空 🎧

（答案：1. 来得正好　2. 用不着，出主意　3. 才，到底，选　4. 难怪
5. 都没决定，又吹牛　6. 去找，商量商量　7. 如此，不行）

课文二（泛听）🎧

"牛"字的学问

练习

一、听一段短文，回答短文最后提出的问题 🎧

丽莎和哈利遇到了选择的难题。金大永会给他们出什么主意呢？以后我们就能知道了。

对话中，丽莎说哈利"吹牛"，是说哈利答应帮她出主意，可是没有做到。"吹牛"也可以说"吹牛皮"，意思是"说大话"，跟牛并没有关系。**假如**你答应做中国菜给朋友吃可又做不来，别人就会说你吹牛皮；你只会写500多汉字，却告诉父母你会800个，也是吹牛。看来，我们都不要吹牛为好。

不过，"吹牛"还有另一个意思，那就是"聊天儿"。你一个人在宿

舍觉得很**无聊**的时候，就可以叫朋友来吹吹牛啊，一定挺开心的。

在汉语中，"牛"字还有很多不同含义呢。**炒股**的朋友都盼望**牛市**，因为牛市好赚钱啊；谁要是说你牛，你可别生气，那是称赞你很强很有能力呢。可是，如果有人说，"你牛什么呀？有什么了不起的！"那"牛"的意思可就是"骄傲"了。脾气大叫牛脾气；力气大叫牛劲；神气自大叫牛气……

听到这儿，你觉得汉语很难学还是很有意思呢？

二、再听一遍短文，辨别对错

（答案：1. 对　2. 错　3. 对　4. 错　5. 对）

三、再听一遍，选择正确答案

1. 下面哪一项不是"吹牛"的意思？　　　　　　　　　　　　（D）
2. 关于"牛"字的含义，下面哪个是不对的？　　　　　　　　（C）
3. 下面的几件事，哪一件是"吹牛皮"？　　　　　　　　　　（A）
4. 请你猜一猜，"牛头不对马嘴"是什么意思？　　　　　　　（B）

四、回答问题

1. "吹牛"有哪几种意思？

   （答案：两种：说大话、聊天）

2. 你记住了哪几个"牛"字的含义？

   （答案：吹牛、吹牛皮、吹吹牛——聊天、牛市、说一个人牛——很棒、牛什么呀——骄傲、牛脾气、牛劲、牛气）

3. 你还知道汉语里别的跟动物有关的有趣的词语吗？

   （答案：风马牛不相及；千里马；变色龙；可怜虫；地头蛇；笑面虎；落水狗；鸡飞蛋打；一石二鸟；羊入虎口……）

第十二课

课文一

颜色趣谈

练习

一、听句子,指出新词语

    1. 奶奶一定要我去**更换**刚买来的灯笼,说是要换成更大的,才更**喜庆**。
    2. 我的家乡山水**秀丽**,一条**清澈**的小河从我家门前流过,绿色**无处不在**。
    3. 老人批评那孩子乱扔塑料**制品**,不懂得**节约**,他不好意思地**低**下了头。
    4. 风景**秀丽**的九寨沟,真是一个**五彩**的童话世界,美丽的景致**无处不在**。
    5. 春节期间,家家挂起大红**灯笼**,高低错落,**色彩**各异,充满**喜庆**和欢乐。
    6. 那些**五彩**的手工**制品**,吸引了不少人**低头**挑选,还不时地**更换**着更满意的。
    7. 健康的生活方式,不只是吃无害的**蔬菜**、食品,还应努力**节约**宝贵的**能源**。
    8. 透过**清澈**的湖水,可以看见湖底**五彩**的石头,你会被那迷人的**色彩**所吸引。

二、听句子,并跟读

三、听一段短文,回答短文最后提出的问题

    说起颜色,人们往往会想到风景**秀丽**的九寨沟。远处的山顶是白色的雪,身旁的树上有**五彩**的叶,绿的、黄的、红的,甚至金色的;抬头望,蓝蓝的天上飘着白云;**低头看**,**清澈**的湖水中反映出周围所有的颜色。可以说，世上的颜色你都能在九寨沟找到，真是个美丽的彩色世界。

我们的生活中，颜色更是**无处不在**。为了健康，应该吃各种颜色的**蔬菜**、食品；为了安全，过马路必须注意红绿灯的变化；为了漂亮，人们不断**更换**身上衣服的颜色，就连头发也可以由黑变黄、变红。多样的**色彩**让生活更愉快。

其实颜色还有着各自的涵义呢。中国人喜欢红色，结婚要贴红双喜，过年要挂红**灯笼**，谁家生了小孩要请大家吃红鸡蛋；演员出了名叫红了，老板生意做得好叫红火，要给大家发红包。在中国，红色就是这么**喜庆**，难怪叫中国红呢。

再说说绿色吧。随着人们生活水平的提高，"绿色"的事物悄悄地多了起来。什么绿色食品、绿色消费、绿色交通，就连酒店也变成绿色酒店了。所谓绿色，并不是指颜色，而是"健康"、**"节约能源"**和"没有污染"的代名词。而污染环境的塑料**制品**，则有了一个流行的名字——白色污染。

现在请你猜一猜，黄色在中国文化中又有哪些含义呢？

（请听问题，并选择正确答案）

（答案：黄色在中国古代是皇帝的专用颜色；黄色是土地，也是中华民族的代表色；黄色还是黄金的颜色，故又代表财富、荣华富贵；电话簿称黄页；球场上的黄牌为警告；等等）

四、再听一遍短文，选择正确答案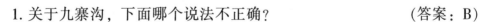

1. 关于九寨沟，下面哪个说法不正确？　　　　　　（答案：B）
2. 生活中的颜色，短文没有提到哪个？　　　　　　（答案：B）
3. 根据短文，我们可以知道什么？　　　　　　　　（答案：A）
4. 绿色为什么会流行？　　　　　　　　　　　　　（答案：D）

五、再听一遍短文，辨别对错

（答案：1.对 2.对 3.错 4.对 5.错 6.错）

六、猜一猜

下面这些跟颜色有关的词语是什么意思：黑客、黑社会、白领、蓝领、白色谎言、黄页、蓝牙……

（答案：黑客：专门在网络上侵害他人利益的网络高手。

黑社会：用非正常手段达到某种目的的非法组织。

白领：一般指在办公室工作的工资收入者。

蓝领：以体力劳动为主的工资收入者。

白色谎言：虽然是骗人，但是出于好意，是为了被骗的人好。

黄页：电话号码簿，如：上海黄页。

蓝牙：一种先进的无线通信技术，如：蓝牙手机、耳机。）

课文二（泛听）

只贷一美元

练习

一、听一段短文，然后选择正确答案

同学们，今天我给你们讲个贷款的故事。"贷款"就是向银行借钱。

一天有位外地商人到一家银行贷款。银行工作人员热情地接待了他。可是当听说这位商人只要贷一美元时，他很吃惊，一美元还用得着向银行借吗。他问商人用什么来担保。只见那商人从皮包里拿出一堆现金，足有50多万美元。"这些做担保够了吧?"商人问。"当然，您就是贷几十万美元也够了。"工作人员更糊涂了。商人又问道"请问一年的利息是6%，对吗?""没错,只要您按时还钱,我们就把这些股票还给您。"

商人说了声"谢谢"就准备离开,工作人员却把他叫住了。他忍不住问,"先生,您用50万做担保,就贷一美元,真让人搞不懂。可以说说为什么吗?""啊,是这样。我来你们这里做生意,带这么多钱很不方便,就想找个地方存起来。可是如果存到**金库**的**保险柜**里,我得花很多钱。于是,我就存在你们银行了,真是太便宜了!"商人说完哈哈大笑着走出了银行。而工作人员却睁大了眼睛张大了嘴巴。

(请听问题,并选择正确答案)

1. 下面哪一个不是"贷款"的意思? (D)
2. 听说商人只要贷一美元,银行工作人员是什么反应? (B)
3. 工作人员为什么糊涂了? (A)
4. 商人走了,工作人员怎么会睁大了眼睛张大了嘴巴? (A)

二、再听一遍,辨别对错 🎧

(答案:1.错 2.错 3.对 4.对 5.错)

三、回答问题 🎧

1. 这位商人究竟聪明在哪里?

(答案:商人的精打细算促使他改变了思路。把50多万现金存放金库要花很多保管费,而作为银行贷款的担保物则只需付极低的利息。)

2. 这个故事对我们有什么启发?

(答案:我们做任何事都一样,换位思考可以化复杂为简单,使矛盾迎刃而解。)

第十三课

课文一

好事?坏事?

练习

一、听句子,指出新词语

1. 他选择的旅游**目的地**是海南,可我觉得海南**未必适宜**冬季去玩儿。
2. 上次玩儿得太**匆忙**,**恨不得**两天走完所有景点,连那儿的小吃都没**品尝**。
3. 你**未必**要这次就考 HSK,**毕竟**才学了几个月的汉语嘛,就别**为难**自己了。
4. 三天时间**适宜**去哪儿玩儿呢?如果**为难**的话,就去旅行社**咨询**一下儿吧。
5. 大家为哈利去不了而**遗憾**,**毕竟**一起旅游机会不多,可他自己却**不做声**。
6. 看着电脑中的照片,我们都有点儿**遗憾**,因为拍得**匆忙**,画面都不太好。
7. 去过的人**未必**都满意,可是没去过的却**恨不得**马上就去,不想留下**遗憾**。
8. 不管大家**研究**讨论什么问题,芳子总是**不做声**,从不**插嘴**,就像跟她没关系。

二、听句子,并跟读

三、听一段短文,回答问题

如果有人问你,"有选择好,还是没有选择好。"你一定会说有选择好。可是,有时候,有选择**未必**真是好事啊。

第十三课

自从知道了学校要组织留学生去旅游的事,班里可热闹了。同学们下了课就在一块儿讨论,课间也不休息了。有的研究地图,有的看旅游手册,……这次旅游的**目的地**有青岛、桂林、西安等五个地方,都很不错。可是一个人只能去一个地方,真是左右**为难**啊。还是金大永聪明,在他的建议下,同学们来到旅行社咨询。导游王欣正好不忙,就详细地介绍开了。

"你们只有五天的时间,不**适宜**去远的地方,建议大家考虑西安或是青岛。"哈利**插嘴**说:"西安我们已经去过了。游览了闻名世界的兵马俑和华清池。"王欣问:"那你们**品尝**美食了吗?"丽莎抢着回答:"没有。上次太**匆忙**了。"王欣微笑着说道:"那太**遗憾**了!西安的美食不仅是很有特色,而且便宜得令人难以置信。以牛羊肉泡馍和酿皮最为有名,还有糊辣汤……"说着,她打开了电脑中的有关**画面**。"哇,我真**恨**不得马上就去一饱口福啊。"金大永大声说着。"对啊,就去西安吧。"哈利、黄佳佳也同意。一直没**做**声的芳子却有自己的看法,"可是西安我们**毕竟**去过了,只是为了品尝美食再去一趟,还不如去个新地方。还是听听王欣介绍青岛吧。""那也好。"大家都赞成。

(请听问题,并选择正确答案)

1. 留学生们为什么左右为难?
    (答案:因为有多个旅游地点,而一个人只能选一个地方。)
2. 金大永建议大家怎么做?
    (答案:去旅行社咨询。)
3. 导游王欣建议同学们去哪儿?为什么?
    (答案:去西安,因为西安的美食便宜好吃。)
4. 大家都同意王欣的意见吗?
    (答案:有的人同意,有的人不同意。)
5. 芳子是什么意见?
    (答案:她觉得还是应该去一个没有去过的地方。)

四、再听一遍短文，选择正确答案

1. 听了课文，你觉得题目"好事？坏事？"是什么意思？　　　（答案：B）
2. 金大永、哈利他们为什么想去西安？　　　　　　　　　　（答案：D）
3. 芳子不想去西安是因为什么？　　　　　　　　　　　　　（答案：A）
4. 他们去旅行社咨询的结果是怎样的？　　　　　　　　　　（答案：C）

五、再听一遍短文，辨别对错

（答案：1. 错　2. 错　3. 对　4. 错　5. 对）

六、回答问题

1. 如果你是他们，你会怎么选择？
2. 面对多种选择的时候，你会不会左右为难？为什么？
3. 人们一般认为有选择好还是没有选择好？你认为呢？

课文二（泛听）

选　择

练习

一、听一段短文，回答短文最后提出的问题

考试时，我们常常做选择题。有时会犹豫不决，该选A还是B或是C呢？在生活中，也经常会遇到需要你作出选择的难题。

学校组织留学生去旅游，本来是高兴的事。可是几个好地方只能选一个，又让大家左右为难。其实选得不好也没什么，这次去了西安，以后可以再去青岛。可如果是参加**象棋**比赛呢，一步走错就可能失去**赢**的机会。

所以，我们常常看到**参赛者**手拿着棋子，却不知该怎么走，这就叫举棋不定。其实，就算你走错了一步也没关系。这次没有赢还有下一次。有个不爱学习的男孩儿，从学校跑出来玩儿。突然发现爸爸就在身后不远的地方。他想**躲**进一家商店，却看见妈妈就在商店里。这可真叫进退两难呐。

上面说的这些选择，虽然都会令人头疼，但毕竟还有解决的办法。然而，人们有时会遇到决定生死的重大选择。一个姑娘在结婚前问**未来**的丈夫一个问题，如果我和你母亲都掉进河里，你先救谁？丈夫回答：我都救。可这是不可能的，只能先救一个，另一个人很可能会死去。你们说，这算不算世界上最难的选择呢？

二、再听一遍短文，指出你听到的表达"难作决定"的词语

(答案：A． F． G． H．)

三、再听一遍短文，辨别对错

(答案：1.对　2.错　3.错　4.对　5.对)

第十四课

课文一

上海世博会吉祥物——海宝

练习

一、听句子，指出新词语

1. 现代人就应该努力**创造**出**和谐**的生活环境，**展示**新的生活风貌。
2. 上海**世博会吉祥物**的**诞生**，**凝聚**了海内外的热情和设计者的**心血**。
3. 大海涨潮了，海水**翻卷**起巨大的**波浪**，冲向岸边**支撑**着的太阳伞。
4. 2002年12月，中国上海获得了2010年**世博会**的**举办权**，值得庆贺。
5. 这项新技术的**诞生**，**凝聚**着科研人员的**心血**，**表明**了事在人为的道理。
6. 海宝的头发象**翻卷**的**波浪**一样，圆圆的身体**展示**了对生活的美好感受。
7. **吉祥物海宝**的两只大脚稳固地站立在大地上，**表明**中国具有强大的实力。
8. "人"字的**支撑**结构说明大家应该互相关爱，**和谐**相处，共同**创造**美好的生活。

二、听句子，并跟读

三、听一段短文，选择正确答案

上海于2010年成功举办了第41届世界博览会。为了获得这次**世博会的举办权**，上海做了大量的工作，当然也包括吉祥物的设计。吉祥物作为代表举办国特色的事物,要反映出举办国的历史、文化以及社会特色。

现在,上海街头到处可见吉祥物的身影。它是个蓝色的小家伙,名叫"海宝",意思是"四海之宝"。它的形象是根据汉字"人"来设计的,反映了中国的文化特色。"人"字的互相**支撑**结构说明美好的生活要靠大家共同**创造**,只有全世界的人相互支撑,人与自然、人与社会、人与人之间**和谐**相处,生活才会更美好。海宝的**诞生**,**凝聚**了全中国的热情,全世界的关注。

海宝的头发像**翻卷**的**波浪**,显得很活泼,也象征着大海。它的脸上挂着友好的微笑,一双又大又圆的眼睛,对未来的城市充满了期待。圆圆的身体则**展示**了对生活的美好感受。它正伸着双手,欢迎世界各国的朋友。两只大脚**稳固**地站立在地面上,**表明**中国有决心、有能力办好世博会。海宝全身是大海一样的蓝色,代表着地球、生命和未来。海宝还会做出不同的动作,还可以变换服装和形象。比如说:面对韩国朋友,它就可以换上韩国的传统服装。

海宝已经成了上海的城市名片。欢迎你到上海来,跟海宝一起感受上海人民的热情和城市生活的美好吧。

(请听问题,并选择正确答案)
1. 关于世博会,下面哪种说法是正确的? (答案:C)
2. 下面哪一项不是文中提到的"和谐相处"的关系? (答案:B)
3. 关于海宝形象的说明,下面哪一句是正确的? (答案:D)
4. 这篇短文主要告诉我们什么? (答案:C)

四、再听一遍短文,辨别对错

(答案:1.对 2.错 3.对 4.错 5.对)

五、再听一遍，边听边填表

	描　述	含　义
海宝的头发	像翻卷的波浪	活泼、象征大海
海宝的眼睛	又大又圆	对未来城市充满期待
海宝的身体	圆圆的	展示对生活的美好感受
海宝的手	伸出来	表示对世界各国朋友的欢迎
海宝的脚	很大,稳固地站立在地面上	表明中国有决心、有能力办好世博会
海宝的颜色	大海一样的蓝色	代表地球、生命和未来

课文二（泛听）

中国菜名的翻译

练习

一、听一段短文，选择正确答案

外国人喜欢吃中国菜，但在中国饭店点菜时却很头疼，因为中文菜单看不懂。即使后面跟着英文菜单，也常常让他们摸不着东南西北。比如"红烧**狮子头**"被译成"烧红了的狮子头"，狮子是世界保护动物，狮子的头怎么能烧呢？"夫妻**肺片**"被译成"丈夫和妻子的肺切片"，这个菜名足以让他们吓出一身冷汗来：真是用夫妻俩的肺做出的菜？

要把中国菜名**准确**地翻译出来，确实不是容易的事。一来中国菜太多了，仅北京奥运会餐厅就准备了八百多道菜。二来这么多菜在国外大多没有相同的做法，找不到合适的词。三来中国菜名中包含着中国文化的**韵味**，要在短短的菜名中，连文化的韵味也译出来，那就更困难了。

经过翻译工作者的齐心努力，在北京奥运会前，《中文菜名英文译法》这本书终于出版了,2753种中国菜有了自己较为准确的英文菜名,如"夫妻肺片"被译成"泡在辣椒酱里的牛肉和黄牛肚"。

当然,要译出中国菜中的文化韵味来还有待更多的努力。

(请听问题,并选择正确答案)
1. 外国人到中国饭店点菜很头疼,不是因为下面哪一项? (答案:B)
2. 短文说"英文菜单让外国人摸不着东南西北",这是什么意思?
 (答案:C)
3. 英文菜单让外国人摸不着东南西北的原因是什么? (答案:A)
4. 中国菜名难翻译,原因很多,下面哪一条是短文中没有提到的?
 (答案:D)

二、再听一遍,回答问题

(答案:1. 开始被译成"丈夫和妻子的肺切片"。现在译成"泡在辣椒酱里的牛肉和黄牛肚"。

2. 略　3. 略

4. 鱼香肉丝——鱼香酱炒猪肉丝;古老肉——酸甜蔬菜丁烧油炸面裹猪肉片;宫保鸡丁——红酱爆烧鸡丁、花生米、笋丁;麻辣豆腐——麻辣酱烧豆腐,等)

第十五课

单元练习三

一、听下列句子,并选择正确答案

1. 哈利,你又**吹牛**了。你让我说你什么好呢?
   问:说话人是什么意思? (B)

2. 我好容易才把这么多事儿做完了,再让我做我可吃不消了!
   问:说话人想表达什么? (A)

3. 春节快到了,家家张灯结彩,到处都是欢声笑语,**好不热闹**。
   问:这句话表达了什么? (B)

4. 你**到底**还找不找对象啊?总是这山望着那山高,我看永远没戏。
   问:说话人想表达什么? (C)

5. **选择**旅游地点有什么可**犹豫**的,这次去一个下次去另一个不就是了。
   问:这句话是什么意思? (C)

6. 这样的电影还值得去电影院看吗?在网上看看就是了。
   问:说话人觉得这部电影怎么样? (B)

7. 嗨,哭什么呀!**不就是老板**没给**发红包**吗?我还当什么了不得的事呢。
   问:说话人让我们知道了什么? (A)

8. 各位请注意,此处人多拥挤,请看好自己的物品,跟着我,别走丢了。
   问:说话人最有可能是做什么的? (A)

9. 你也真是,我叫你别买你偏买,怎么样,后悔莫及了吧?
   问:说话人是什么口气? (D)

10. **九寨沟**美就美在它的水，那美妙的**色彩**你怎么赞美都不为过。

　　问：关于九寨沟我们可以知道什么？　　　　　　　（B）

二、听下列对话，并选择正确答案 🎧

1. 男：明天我就要去上海了！去感受一下**世博会**的喜庆气氛。

　　女：明天我还要上班，真扫兴！要是我也能去就好了！

　　问：关于女的，下面哪句话正确？　　　　　　　（B）

2. 男：**凡是**旅行社**都**是只顾赚游客的钱的！

　　女：话可不能这么说！欣欣旅行社就是常常为游客着想的。

　　问：女的是什么看法？　　　　　　　　　　　　（C）

3. 女：说来说去，你还是没讲清楚美子突然回国的原因。

　　男：不如你打电话问问她，保你什么疑问都没了。

　　问：从对话中，我们可以知道什么？　　　　　　（B）

4. 女：**大红喜字**是挺喜庆，可是都过时了。我考虑再三，决定不贴了。

　　男：什么？我是没什么，你先考虑能不能过父母那一关吧。

　　问：他们两人在讨论什么？　　　　　　　　　　（B）

5. 女：我好容易搞到两张票，你又要加班了。把票送人吧，太可惜；不送吧，你又不能去。这可怎么办呢？

　　男：**你用不着左右为难**，大不了我请假陪你去呗。

　　问：根据对话，下面哪句话不正确？　　　　　　（A）

6. 男：还犹豫什么呀？公司真的很需要你，只要大家的心**凝聚**在一起，一定可以干出一番事业来。

　　女：干事业是很重要，可我们一家老的老小的小，你叫我怎么放心得下？

　　问：女的最在乎的是什么？　　　　　　　　　　（D）

7. 男：哎呀，好累呀！快撑不住了。

　　女：没法儿不累，你老这么开夜车，就是铁打的也吃不消啊！

　　问：女的想表达什么？　　　　　　　　　　　　（D）

8. 女：好消息，我的驾照拿到了！周末和老马他们开车去南京喽！
   男：什么？你才学会几天啊。**自驾车旅游**，这可不是闹着玩儿的！。
   问：男的是什么态度？　　　　　　　　(C)

9. 女：你注意了没有，陈雷最近老是自言自语，没准儿得什么病了吧？
   男：不见得吧。
   问：男的觉得陈雷怎么了？　　　　　　(A)

10. 女：快！快开过去！灯都闪了，要不又得等了。
    男：你急什么呀！等就等会儿吧，你不会连安全第一也置之脑后了吧？
    问：说话人最有可能在哪儿？　　　　　(C)

三、听和做，传递悄悄话 🎧

供传递的悄悄话（仅供教师参考）：

1. 我和哈利昨天晚上就听说这件事了。
2. 他不来了应该早点儿跟我打招呼啊！
3. 我也觉得弟弟今天好像不大对劲儿。
4. 走一个小时的路可不是闹着玩儿的。
5. 一顿饭不吃不算什么了不得的事儿。
6. 他今天要是能来上课那才叫怪了呢。
7. 明天没准儿老师就把听写的事忘了。
8. 我早就告诉你别去，你偏不听我的。
9. 说来说去，你也不知道怎么回事啊。
10. 要是天天开夜车，我看谁也吃不消。

四、听两段录音，选择正确答案 🎧

(1-6题是根据下面这段话)

近来，国内各大网站上，"workingpoor"一词非常流行，翻译成汉语就是"穷忙族"或是"在职穷人"，是指那些拼命工作却得不到太多回报、看不到太多希望的人。很多白领也认为自己是穷忙族，付出很多，得到的收入却不够他们用。

刘萌是一家外资公司的白领，虽然每个月的薪水不菲，税前大概有八千多元，但是除去租房一千五百元外，她还要买名牌服饰、高档化妆品、时尚美食……一个月在这上面要花上四五千，所以基本没有积蓄。刘萌说，"同事们穿的都是品牌，我总不能随便穿啊。这些算是职业的门面，我不得不顾。再加上其他的费用，我就几乎剩不下钱了。""穷忙族"这个具有很大主观性的名词，代表的是一种不平衡的生活状态。

前不久，有一项约11000多名网友参加的在线调查显示：75%的人自认为是"穷忙族"，其中有82.6%的人是在职人员，9.2%的人是学生。超过半数的人57.6%认同"穷忙族"多为"80后"，16.7%的人认为"穷忙族"多为"70后"。

"穷忙"是世界性的。它从欧美、日本、韩国来到了中国，"越穷越忙，越忙越穷"就是他们的特征。

（请听问题，并选择正确答案）

1. "穷忙族"是指什么样的人？　　　　　　　　　　　　　（答案：C）
2. 刘萌为什么没有积蓄？　　　　　　　　　　　　　　　（答案：B）
3. 刘萌除了交房租外，还要在其他方面花钱。课文没有提到哪一方面？

　　　　　　　　　　　　　　　　　　　　　　　　　　（答案：A）
4. 关于"穷忙族"，下面哪一项正确？　　　　　　　　　　（答案：B）
5. "穷忙族"的特征是什么？　　　　　　　　　　　　　　（答案：D）
6. 根据11000多名网友参加的在线调查，有多少人自认为是"穷忙族"？

　　　　　　　　　　　　　　　　　　　　　　　　　　（答案：D）

（7-10题是根据下面这段话）

俗话说，"六月天吃冰棍透心凉。"可东北人更喜欢冬天吃冰棍。你看吧，寒冷的冬天里，东北的街头巷尾到处叫卖着"冰棍！""冰棍！"无论男女老少，穿着皮大衣，戴着皮帽子、皮手套，手里拿着冰棍津津有味地吃着。不嫌凉不怕冷吗？不怕！东北人之所以养成冬天吃冰棍的习惯，有三个原因：一是现在住房条件好了，家家都有暖气，尽管外面冰天雪地，室内却温暖如春。所以，有的人会有这样的印象：冬天的时候，北方好像要比南方更暖和。日子久了，那儿的人们也适应了这样的里外温差很大的气候条件。二是身体素质好，加之冬天时人会胖一些，身上的热量大，吃根冰棍不算啥。三是冬吃冰棍开胃口，刺激食欲，还促进了血液循环，提高了抗病的能力，预防了生理的老化。东北人寿星多，平均寿命高，大概与冬吃冰棍有关吧。

（请听问题，并选择正确答案）

7. 东北人喜欢什么？ （答案：D）
8. "手里拿着冰棍津津有味地吃着"这句话说明什么？ （答案：A）
9. 下面哪一项是东北人冬吃冰棍的原因？ （答案：B）
10. 吃冰棍对身体的好处不包括哪一项？ （答案：C）

第十六课

课文一

小生活，大道理

练习

一、听句子，指出新词语

1. 他是个**厨师**，在他做的菜里，炒**胡萝卜**的味道是最好的。
2. 每当母亲要他快点儿结婚，他总是很**不耐烦**，说结婚**意味着**失去自由。
3. 一旦把**咖啡豆**放进开水中，就很难**捞**出来了，你就等着喝咖啡吧。
4. 奥运会的多项纪录都被**打破**了，这是**事实**，可是这又**意味着**什么呢？
5. 生鸡蛋薄薄的**外壳**很容易碎，要是**打破**了，里面的**液体**就会流出来。
6. 父亲告诉女儿，煮好的熟鸡蛋，要先**打破**它，**剥掉外壳**以后才可以吃。
7. 这件事是不是**厨师**做的，**事实**还不清楚，你怎么就**不耐烦**继续查了呢？
8. 在一分钟之内，**捞**上十个小球获胜，**捞**上十一个就**意味着**能够**打破**记录。

二、听句子，并跟读

三、听一段短文，选择正确答案

女儿对父亲抱怨她的生活，抱怨很多事情都很困难。她原以为，谁努力，谁就会有幸福快乐的生活。可是这不是**事实**。她现在对生活很失望，不想再奋斗了，也不知道该如何生活下去。

父亲是位**厨师**,他把女儿带进厨房。他在三个锅里倒上水,放在火上烧。不久锅里的水烧开了。他把**胡萝卜**、鸡蛋和**咖啡豆**分别放进三个开水锅里煮,什么话也没说。

女儿心里很纳闷,不**耐烦**地等待着。大约20分钟后,父亲把火关了。他把胡萝卜和鸡蛋捞出来放到两个碗内,然后又把咖啡倒在一个杯子里。他这才转过身问女儿,"你看见什么了?""胡萝卜、鸡蛋、咖啡。"女儿回答。

他让女儿用手去摸胡萝卜,胡萝卜变软了。他又让女儿**打破**那个鸡蛋,**剥掉外壳**,是个煮熟的鸡蛋。最后,他让女儿喝了那杯香浓的咖啡。女儿笑着问:"父亲,这**意味**着什么呢?"

父亲解释说,三样东西放在同样的环境——煮好的开水里,但反应各不相同。胡萝卜入锅之前是结实的,但开水煮后它就变软了;鸡蛋原来很容易碎,薄薄的外壳保护着里面的**液体**。可是经开水一煮,它就变硬了。而咖啡豆则很独特,进入开水之后,却把水改变了。"哪个是你呢?"他问女儿。"一旦困难找上了门,你该怎么做?是做胡萝卜、鸡蛋,还是咖啡豆呢?"

(请听问题,并选择正确答案)
1. 下面哪个不是女儿对父亲抱怨的? (答案:D)
2. 刚开始,女儿对父亲的做法是什么态度? (答案:B)
3. 下面哪句话是正确的? (答案:B)
4. 这篇短文的主要意思是什么? (答案:C)

四、再听一遍短文,辨别对错 🎧

(答案:1. 对 2. 错 3. 错 4. 对 5. 错)

五、再听一遍,回答问题 🎧

(答案:1. 标题意思是:在日常生活的小事中,也蕴含着"如何面对困难"

第十六课

的大道理。

2. 胡萝卜被煮软了；鸡蛋被煮硬了；咖啡豆在被溶化的同时改变了水的味道。这些变化说明：同样的环境可以让不同的人发生不同的变化。有的人变软弱了，有的人变坚强了，有的人还能努力改变环境。)

课文二（泛听）

交流问题

练习

一、听一段对话，选择正确答案

(金大永在一家中国公司上班了，下班后他遇见了**同事**赵丽。)

金大永：赵丽，你是不是觉得我不会跟人交流呢？

赵　丽：没有呀。

金大永：你是不是觉得我工作态度不认真呢？

赵　丽：也没有呀，你够认真的。

金大永：那你觉得我……

赵　丽：你怎么了？出什么事了？

金大永：今天**组**里开会，他们给我提了很多意见。

赵　丽：开会的时候？

金大永：对啊，当着很多人的**面**，让我很不好意思。

赵　丽：那你对他们有意见吗？

金大永：当然有了！有人开会迟到，有人开会聊天，还有人没按时完成工作任务。

赵　丽：那你说这些了吗？

金大永：没有，我张不开嘴啊。

赵　丽：你有意见不说，可自己又不高兴，其实对大家都不太好。你打算怎么办？

金大永：我不想待在这个组了，我想去别的组。

赵　丽：这样恐怕容易**造成误会**吧。从某种意义上说，别人提意见不完全是坏事。"有则改之，无则加勉"吧。

金大永：什么？"有则改之，无则加勉"是什么意思啊？

赵　丽：哦，如果是你的问题，你就要听别人的意见改正过来；如果不是你的问题，也可以提醒你注意，以后别出错。

金大永：噢，有道理。我会"有则改之，无则加勉"的。谢谢你，赵丽！

(请听问题，并选择正确答案)

1. 金大永遇到了什么不开心的事？　　　　　　　　(答案：D)
2. 金大永为什么不给同事提意见？　　　　　　　　(答案：B)
3. 赵丽觉得别人提意见怎么样？　　　　　　　　　(答案：D)
4. 赵丽给金大永的建议是哪一个？　　　　　　　　(答案：C)
5. 赵丽在干什么？　　　　　　　　　　　　　　　(答案：A)

二、再听一遍，回答问题

(答案：1. 因为同事们给他提了不少意见，他很想知道自己是否真有问题。

2. 这句话的意思是：有人给你提意见时，如果你有错，就应该改正；如果你没有错，也应该作为对你的提醒，以免出这样的错。

3. 略)

三、与同桌讨论

1. 在你们国家，人们会不会当面直接指出别人的缺点？

2. 别人指出你的缺点时，你会有什么反应？会不会不高兴？

3. 你觉得指出别人缺点的最好方法是什么？

第十七课

传统节日——中秋节

练习

一、听句子,指出新词语

1. 在中国,**吟诗词**、**赏月**、吃月饼是人们过中秋**佳节**的主要活动。

2. **阴历**八月十五,是中国传统的中秋**佳节**,也是**仅次于**春节的重要节日。

3. 现在人们已经不**稀罕**那又甜又**腻**的月饼了,在乎的是那份**期盼**团圆的心情。

4. 在异国留学,如果能听到**纯正**的家乡话,自然会**勾起**你对家乡亲人的思念。

5. 动车是**仅次于**飞机的快捷旅行工具,乘动车出行已经不是什么**稀罕**事儿了。

6. 家乡的菜有些油**腻**,可味道纯正。吃着家乡菜,不由得**勾起**人们甜美的回忆。

7. 人们通过各种庆祝活动,表达思念亲人、**期盼**团圆的心情,体现了浓浓的**亲情**。

8. 每到中秋节,人们一边**赏月**,一边**吟诵诗词**,想象古人**赋予**月亮的涵义和神话传说。

二、听句子,并跟读

三、听一段短文,选择正确答案

每年农历的八月十五,是中国传统的中秋**佳节**。中国人将中秋节看得很重，应当说它是**仅次于**春节的重要节日。这一天的月亮是一年中最圆、最亮的，因此，也被认为是一年中第二个应该全家团圆的节日。

中秋节有着悠久的历史。古代人没有电视看，夜晚常常会抬头看月亮，**吟诗词**，思亲人。从古代流传至今的两大传统节日都与月亮有关，显而易见，古人**赋予**了月亮很多的涵义和美丽的神话传说。中秋节的习俗很多，各地庆祝的形式也各不相同。但是不论是什么形式，都表达着人们思念亲人、**期盼**团聚和向往美好生活的心情。

除了**赏月**，中秋节吃月饼也是人们最主要的活动。月饼做成各种各样的口味，上面还刻有美丽的图案。那香甜的味道很**纯正**，吃月饼往往能**勾起**人们甜美的回忆以及对团圆的渴望。如今，在上海街头很少再见到排长队的情景了，只有临近中秋的邮政局前，仍然会看到邮寄月饼的人排起长队。月饼又甜又**腻**，而且各地都可以买到，谁还**稀罕**呢？其实人们在乎的不是月饼，而是那里面包含的一份**亲情**。可以说，人们是以中秋节寄月饼为由，来表达对远在外地的亲人的一份祝福。吃着甜甜的月饼，看着天上明亮的圆月，听着和月亮有关的神话传说，多么美妙啊！假如你不信，就跟中国人一起过一个中秋节，体会一下吧！

（请听问题，并选择正确答案）
1. 中国人为什么很重视中秋节？　　　　　　　　　　（答案：C）
2. 下面哪一项不是短文提到的中秋节的活动？　　　　（答案：B）
3. 中秋节人们寄月饼是因为什么？　　　　　　　　　（答案：D）
4. 这篇文章主要说的是什么内容？　　　　　　　　　（答案：C）

四、再听一遍短文，辨别对错

（答案：1. 错　2. 错　3. 对　4. 错　5. 对　6. 对）

五、再听一遍，边听边填空 🎧

答案：1. 农历，佳节，仅次于

2. 月亮，神话传说

3. 习俗，各不相同，期盼，向往

4. 又甜又腻，在乎，而是，亲情

5. 表达，祝福

课文二（泛听）🎧

中国传统节日知多少

练习

一、听一段对话，选择正确答案 🎧

(中国学生张明和留学生哈利聊起了中国的传统节日。)

张　明：哈利，你知道中国的春节是哪一天吗？

哈　利：这难不住我，春节是**农历**正月初一，是农历新年。

张　明：没错！春节到了，就意味着春天要来了。

哈　利：我知道了，人们度过寒冷的冬天，早就盼着温暖的春天了，所以要快快乐乐地迎接这个节日。

张　明：对，春节是中国人最重要的节日，因此离家在外的人都要回家和亲人团聚，吃年夜饭。人们要准备很多**年货**，有吃的、喝的、穿的，还要放鞭炮呢！

哈　利：那春节之后是什么节日？

张　明：春节刚过，迎来的就是元宵节。人们要在家里、街道上处处挂上彩灯，所以元宵节也称灯节。元宵节当然要吃**元宵**，元宵又叫

"汤圆",和"团圆"的字音相近,象征全家人团圆幸福。

哈　利：张明,我知道还有一个节日要吃粽子。

张　明：那就是**端午节**,在中国已经有两千多年的历史了。端午节还有许多别的名字,比如:午日节、五月节、女儿节等等。人们会在这一天举行各种庆祝活动,主要活动是龙舟**竞赛**和吃粽子,都是为了纪念古代诗人屈原。

哈　利：还有吗?

张　明：还有清明节和中秋节呢。

哈　利：这么多传统节日啊!看来我要学好汉语,对中国的节日也要有所了解啊!

张　明：那是当然啦!

(请听问题,并选择正确答案)

1. 下面哪一项是春节时的活动? 　　　　　　　　　　(D)
2. 人们在元宵节吃元宵是为了什么? 　　　　　　　　(C)
3. 下面哪个不是中国的传统节日? 　　　　　　　　　(B)
4. 下面关于端午节的说法,哪种是正确的? 　　　　　(A)

二、再听一遍,回答问题

(答案:1. 提到五个传统节日:春节、元宵节、端午节、清明节和中秋节。

2. 春节:准备年货、回家团圆、吃年夜饭、放鞭炮等;元宵节:挂彩灯、吃元宵等;端午节:赛龙舟、吃粽子等。

3. 国庆节(10月1日);青年节(5月4日);教师节(9月10日);建军节(8月1日)等。)

第十八课

课文一

凤凰城印象

练习

一、听句子,指出新词语

1. 我们**惊奇**地发现,她们像**撒网**似的把衣服**铺**在水面上洗!
2. 在**游船**上,有如此动听的**民歌**、优美的**舞蹈**,真令人**惊奇**。
3. 我感到很**惊奇**,这么古老的小城里居然有这么**高档**的**酒吧**。
4. 丽莎真是个**好心**人,知道我想减肥,就帮我在**舞蹈**班报了名。
5 我向一位**好心**的大妈借了一个**捶衣板**,学着她的样子在衣服上**捶打**。
6. 天黑了,**游船**上升起了大红灯笼,划船姑娘唱着当地的**民歌**,好听极了。
7. 住在沱江边的人们,都是在**岸边**洗衣服的,先用**捶衣板捶**打衣服,再清洗。
8. 太阳**升**起来了,江面上像**铺**了一层金子,唱着**民歌**的渔民们开始**撒网**捕鱼。

二、听句子,并跟读

三、听一段短文,选择正确答案

(金大勇从凤凰城回来后,在他的博客中写了一篇日记。)

当我们乘坐大巴到达这座小城的时候,已是傍晚。由于太累,我们就早早休息了。

第二天，我很早就起来了。我想，芳子可能还没醒，就一个人出去散步。我没想到，凤凰城的早晨也很热闹，我被深深吸引了。在沱江边，很多当地人在洗衣服。她们洗衣服的方法看上去很特别，左手翻动衣服，右手用**捶衣板**一上一下打在衣服上，动作优美得像**舞蹈**。**捶**打完以后，她们像**撒网**一样把衣服**铺**在水面上，让水冲几下就干净了。我觉得很有意思，就向一位**好心**的大妈借来一个**捶衣板**，也学着她们的样子洗，可是不知怎么搞的，总洗不干净。哈哈，是我太笨了吧？

　　后来我和芳子参观了东城门，据说已有好几百年历史了。又坐船游览了沱江，那水啊，那么清，清的真想跳进去。此外，我们还去了南方长城和奇梁洞等**六个**景点。

　　我原以为，这座古老的小城，到了晚上会很静很静，想不到外面非常热闹。沱江两**岸**的小楼上都挂起了红灯笼，江上有很多**游船**，划船姑娘唱着好听的**民歌**。

　　我们来到了一家名叫"原始人"的**酒吧**，这里的气氛跟上海的酒吧没什么两样。尽管凤凰城很古老，还是有这么**高档**的酒吧，真让人**惊奇**。这条路上大概有四五家这样的酒吧。那天晚上，我们玩得很开心。

　　我们离开这座小城的时候，太阳又**升**起来了。美丽的凤凰城，有机会我们还会再来的。

（请听问题，并选择正确答案）
1. 猜一猜，金大永和芳子到达凤凰城时大概是几点钟？　　（答案：B）
2. 第二天早晨，金大永很早就起来了。下面是他的经历，哪句话不正确？
　　　　　　　　　　　　　　　　　　　　　　　　　　（答案：D）
3. 凤凰城的夜晚是什么样的？　　　　　　　　　　　　　（答案：C）
4. 他们走进一家"原始人"酒吧，金大永为什么感到惊奇？（答案：C）
5. 凤凰城里，有些事让金大永觉得很惊奇或没有想到，这些事不包括什么？
　　　　　　　　　　　　　　　　　　　　　　　　　　（答案：B）

四、再听一遍短文,辨别对错

(答案:1.对 2.错 3.对 4.对 5.错 6.对)

五、再听一遍,完成下面的提纲,并复述课文

时间		做的事情	
第一天:	傍晚	到达	
		休息	
第二天:	早晨	散步	
		洗衣服	美丽的凤凰城,我们还会再来的。
	后来	参观东城门等八个景点	
	晚上	在"原始人"酒吧玩	
第三天:	上午	离开凤凰城	

课文二(泛听)

昂起头最美丽

练习

一、听一段短文,选择正确答案

凤凰古城确实很美丽,它的美丽也是经过很长一段时间才被人们发现的。

有时，发现美丽并不容易，但最难的是发现自己身上的美丽之处。人最不了解的就是自己。

有个小女孩，叫妮妮，总爱低着头。她一直觉得自己长得不够漂亮。有一天，她到商店去买了只绿色蝴蝶结，店主不断称赞她戴上蝴蝶结挺漂亮的，妮妮虽然不相信，但还是很高兴，不由昂起了头，出门时与人撞了一下都没在意。

妮妮走进教室，碰上了老师，"妮妮，你昂起头来真美！"老师轻轻地拍拍她的肩说。那一天，她得到了许多人的称赞。她想一定是因为这个美丽的蝴蝶结，让她今天变得跟平时不一样。可她在镜子前一照，头上根本就没有蝴蝶结，一定是走出商店时跟人一撞弄丢了。

昂起头来，就表现出了自信，自信本来就是一种美丽。无论是有钱还是没钱，无论是貌若天仙，还是相貌平平，只要你昂起头来，自信就会使你变得美丽——人人都喜欢的那种由内到外的美丽。

（请听问题，并选择正确答案）
1. 这篇短文主要告诉我们什么？ （答案：D）
2. 关于蝴蝶结，不正确的是什么？ （答案：B）
3. "貌若天仙"是什么意思？ （答案：D）
4. 哪句话与短文内容最接近？ （答案：A）

二、再听一遍，回答问题

（答案：1. 因为她一直觉得自己长得不够漂亮，没有自信。
2. 自信。
3. 略。
4. 自信还会让人成功，让人有更多朋友，等等。）

第十九课

课文一

风不能把阳光打败

练习

一、听句子，指出新词语

1. 虽然是个阳光**灿烂**的大热天，可**山谷**里还是很凉快。
2. 我看不能用"**大方**"来**形容**李冰这个人，他连块**橡皮**都不肯借。
3. 刘剑真行，**打败**了孟长河，还没来得及**喘口气**就去打下一场了。
4. 哈利觉得这次考试简直难得无法**形容**，很多**内容**他连看都看不懂。
5. 古老的**山谷**在短短几分钟里**消失**了，美丽的山村也变成了一片废墟。
6. 今天体育课的**内容**是800米测试，在**灿烂**的阳光下，大家跑得直**喘粗气**。
7. 决赛的**关键**时刻到了，要全力**打败**对手，再**大方**的人，也不会把冠军送人的。
8. 考大学是人生中**关键**性的**转折**，经老师开导，我考前的紧张心理总算**消失**了。

二、听句子，并跟读（略）

三、听一段短文，边听边填空

"但是"是连词，多用在一句话的后半句，表示**转折**。无论在"但是"

之前有多少好的**内容**，"但是"一出现，希望就**消失**了，**令**人记住的总是困难。

比如，一个男孩向母亲介绍女朋友，母亲见了女孩以后，说道："这女孩长得不错，看上去很聪明，能干**大方**……"听到这里，男孩很开心，心里已经开始考虑带女朋友去旅游的事了。"但是呢"，母亲继续说道，"她胖了些。"这就好像爬上希望的山峰，还没来得及**喘口气**，"但是"就一下子把你推下失望的**山谷**去了。

这样看，"但是"就像**橡皮**似的，擦去了希望和成绩。

所以有人建议大家从此不用"但是"，改用"同时"。当然，这是从心理上而不是语言使用上来说的。

比如我们**形容**天气的时候，说：今天阳光**灿烂**，但是风很大。今后我们可以说：今天阳光灿烂，同时风很大。

"但是风很大"会让人觉得风大才是**关键**，阳光灿烂不是件值得高兴的事情，总的来说，天气不是很好，于是风把阳光**打败**了。"同时风很大"是说今天既有阳光，又有大风，好在有了大风，天气更凉快了。

让我们在生活当中多用"同时"代替"但是"吧。我们不能只看到"但是"后面的困难，更要看到"但是"前面的成绩和希望。风再大，毕竟阳光在。风不能把阳光打败，你们觉得呢？

(答案：1. 但是；转折；内容；消失；令

2. 关键；灿烂；值得；总的来说；于是；打败

3. 既；好在；凉快

4. 代替；只；困难；成绩；希望)

四、再听一遍，选择正确答案 🎧

1. 母亲说的话中，哪一句最重要？ (答案：D)

2. 对"今天阳光灿烂，同时风很大"这句话理解正确的是哪句？ (答案：C)

第十九课

3. 在生活中,我们应该多用"同时"代替"但是",是因为什么? (答案:D)
4. "无论在'但是'之前有多少好的内容,'但是'一出现,希望就消失了,……"下面哪一句符合这句话的意思? (答案:D)

五、再听一遍,回答问题

(答案:1. 男孩儿听了母亲一开始说的话,心情很不错,以为母亲对他的女友很满意。后来心情又不好了,因为母亲嫌他女友太胖了,不同意。

2. 这句话是说:"但是"后面的内容是关键,前面说的成绩和希望都没用了。

3. "但是风很大"重要的是风大,阳光再好也不是好天气。而"同时风很大"是既有阳光又有大风,大风可能不是坏事。(体现了看问题的不同角度)

4. "风把阳光打败了"是说:风才是主要的天气状况,阳光没有风的威力大。

5. "我真的很想陪你去看电影,但是……"后面可能会说:我有事、我不舒服、我要开会等等。)

课文二(泛听)

听 书

练习

一、听一段短文,选择正确答案

随着社会的发展与生活的变化,新事物不断出现,反映新事物的新**词语**也就越来越多了,比如"听书"。"读书"、"看书"这类词语我们都很熟悉，"听书"对我们来说就很新鲜了，"听"与"书"怎么组合成一个词语了呢？"书"怎么能"听"呢？

原来，这里的"书"不是传统的图书，而是由真人**朗读**、被刻成mp3、wma、rm等格式的"有声图书"。你只要在电脑上随便点开一家听书网就可以发现，在网上有很多与图书内容相**对应**的"有声图书"。你**下载**下来，就可以耳听八方了。

"只要戴上**耳机**，就好像进入另外一个世界。我现在越来越喜欢听书的感觉了！"一位正在读大二的学生告诉我，他说他现在已经习惯了"听书"这样一种新的"阅读"方式了。

书究竟应该看还是听呢？人们看法是不同的。一家听书网的经理认为，有声图书是传统图书的补充，人们可以根据不同需要去选择，不存在应不应该的问题。您说是不是呢？

（请听问题，并选择正确答案）

1. 根据短文，下列词语中，我们感到新鲜的是什么？　　（答案：C）
2. 根据短文，下面哪一项与新词语的产生无关？　　（答案：D）
3. 短文中"耳听八方"中的"八方"，实际上指的是什么？　　（答案：A）
4. 短文里的"书"是指什么样的书？　　（答案：D）

二、再听一遍，回答问题

（答案：1. "听书"就是听网上下载的有声图书。　2. 略　3. 略）

第二十课

单元练习四

一、听下列句子,并选择正确答案

1. 小王连**咖啡豆**都买不好,有什么把握能煮得好咖啡呢?
   问:说话人认为小王能把咖啡煮好吗? (答案:B)

2. 现在咱们不节约水资源,子孙后代再怎么保护环境也白搭。
   问:说话人是什么意思? (答案:A)

3. 人家**误会**我打破了杯子,都是叫小周给闹的!
   问:关于这句话,正确的是哪一项? (答案:D)

4. 这里的**蝴蝶结**各式各样,颜色应有尽有,我都不知该选哪一款才好。
   问:说话人现在最可能在哪里? (答案:B)

5. 现在**酒吧**生意多红火,咱们无论如何也不能错过这样的商机啊!
   问:说话人想要做什么? (答案:C)

6. 看李强兴高采烈的样子就知道把人家**打败**了,晚上回去少不了要多喝几杯。
   问:从这句话中我们可以知道什么? (答案:A)

7. 你在**下载**什么啊?天啊,这种**民歌**有什么听头?
   问:这句话表达了什么? (答案:D)

8. 你现在的成绩已经是**仅次于**倒数第一了,你怎么还不知道努力呀!
   问:说话人是什么语气? (答案:A)

9. 楠楠小时候一直**期盼**着做老师,可现在想想,跟锅碗瓢盆打交道也没什么不好。
   问:楠楠现在的职业最可能是什么? (答案:C)

10. 这个**词语**你不懂，我**好心**给你讲，你倒**不耐烦**起来了，随便你，爱听不听！

　　问：说话人怎么了？　　　　　　　　　　　　　　（答案：D）

二、听下列对话，并选择正确答案

1. 男：你不是要**代替**黄佳佳参加这次卡拉OK大赛吗？怎么还不走啊？
　　女：不能说走就走吧，总得打扮打扮啊。
　　问：女的想表达什么？　　　　　　　　　　　　　（答案：D）

2. 男：好容易把这么多**下载**的资料处理完了，头儿不会再给我们派任务了吧？
　　女：这个我可拿不准。
　　问：这两个人最有可能是什么关系？　　　　　　　（答案：A）

3. 女：徐华，你不是对张亚有意见吗？会上怎么不提？
　　男：**当面**说他好像成心为难人家一样，我张不开嘴啊！
　　问：从对话中，我们了解了什么？　　　　　　　　（答案：C）

4. 女：我一向都很**自信**的，可今天怎么心里一点儿底也没有啊，恐怕要出麻烦了。
　　男：别这样，轻松点儿！车到山前必有路嘛。
　　问：男的是什么口气？　　　　　　　　　　　　　（答案：B）

5. 男：经理，我刚坐汽车从南京回来，您要是再派我去广州，我可真吃不消了。
　　女：我也没办法，**组**里的**同事**都很忙，实在找不到人。明天你再辛苦一趟吧。
　　问：从对话中，我们可以知道什么？　　　　　　　（答案：A）

6. 男：这一部分的**内容**很**关键**，我怕是做不了，这回可要麻烦你了。
　　女：一家人不说两家话。
　　问：女的是什么意思？　　　　　　　　　　　　　（答案：A）

第二十课

7. 女：小孩这个时期的**心理**发育很重要，你们做家长的可不能不**在意**啊。
   男：我们也知道，但这么做也是不得已，还请老师多费心。
   问："不得已"是什么意思？　　　　　　　　　（答案：B）

8. 男：哟，什么时候变这么**大方**了？以前可是连块**橡皮**都不肯借啊！
   女：你这人怎么说话呢？
   问：关于对话，下面哪一项正确？　　　　　　（答案：D）

9. 女：对我来说，出国留学本来是件十拿九稳的事，现在却告吹了。
   男：千万不要灰心失望，以后还会有机会的，相信自己！
   问：对女的来说，出国留学是一件什么事情？　（答案：A）

10. 女：我有事出去一下，呆会儿收费的时候帮我交一下，行吗？
    男：那还用说吗，咱俩谁跟谁啊。
    问：男的是什么意思？　　　　　　　　　　　（答案：C）

三、听和做——趣味抢答 🎧

教师依次读出下列问题，供全班同学抢答。

1. 在哪个月人们说话最少？
2. 什么东西是属于你的，别人却更经常地使用它？
3. 小明的妈妈有三个孩子，老大叫大毛，老二叫二毛，老三叫什么？
4. 吃苹果时，咬下一口……，发现竟然有一条虫，觉得好可怕；看见两条虫，觉得更可怕。看到几条虫让你觉得最可怕？

（答案：1. 二月　2. 你的姓名　3. 小明　4. 半条虫）

四、听两段录音，然后选择正确答案 🎧

(1-6题是根据下面这段话)

　　生煎馒头是土生土长的上海点心，据说已有上百年的历史。上海几乎所有的小吃店都有生煎馒头卖，街边的早点摊更是少不了这种早点。

　　馒头在北方是指没有馅儿的实心面团，而包子是有馅儿的。但在南

83

方，不管有馅儿没馅儿都叫馒头。菜馅儿的叫菜馒头，肉馅儿的叫肉馒头，没馅儿的就叫淡馒头。而生煎馒头，则是把肉馅儿的小馒头放在大的平底锅里煎，把馒头封口的一面煎成黄黄脆脆的底。咬在嘴里，满嘴香，好吃极了。

初来上海的人不知道去哪里可以吃到正宗的生煎馒头。他们往往会去大饭店吃，可最后一定很失望。因为大饭店的生煎绝对没有小点心店的专业、正宗。

上海有很多好吃的生煎馒头店，比如丰裕的生煎，两块五毛钱一两，味道比较纯正，很受大众欢迎。飞龙生煎很好吃，因为里面有虾仁，价格当然也要贵一点儿。小吴生煎也很有特色，他的生煎，一个有人家两个大，汤汁很多，皮薄肉多，非常符合喜欢价廉物美的上海人的心理。所以，这里买生煎都要排很久的队，还有不少慕名来吃的外地人、甚至外国人呢。

（请听问题，并选择正确答案）

1. 北方关于馒头和包子的说法，下面哪个正确？　　（答案：B）
2. 关于生煎，正确的说法是什么？　　（答案：C）
3. 哪里的生煎馒头比较正宗？　　（答案：D）
4. 短文里没提到哪家生煎馒头店？　　（答案：A）
5. 丰裕的生煎怎么样？　　（答案：D）
6. 下面哪一项不是小吴生煎的特点？　　（答案：C）

（7—10题是根据下面这段话）

北京奥运会开幕式结束后，现场以及周围的垃圾桶中留下的饮料瓶就达到了10万只左右。这些饮料瓶并没有成为真正的垃圾，而是在经过加工之后，被制成T恤、新饮料瓶等，重新为人们所用。

2008年8月14日《北京日报》的一则报道向我们介绍了这10万饮料瓶的"变身"过程。第一步是通过最先进的技术，将饮料瓶与其他垃圾分开；第二步是将饮料瓶进行颜色分捡，然后再进行清洁和消毒；第三步是根据饮料瓶的材质进行分类处理，或粉碎，或熔化，最后分别制成T恤、饮料瓶、书包、帽子等。6个饮料瓶就可以制成1件再生环保T恤。

再生饮料瓶多以石油为原料制成，大约6吨石油才能生产出1吨饮料瓶。如果要生产再生饮料瓶，回收100斤旧饮料瓶就可以制成80个新饮料瓶。再生瓶除了节约石油资源以外，价格上也比原生瓶便宜7%。

（请听问题，并选择正确答案）

7. 关于这些饮料瓶，正确的说法是什么？　　　　　　（答案：C）

8. 饮料瓶"变身"的第二步是什么？　　　　　　　　（答案：D）

9. 根据短文内容，饮料瓶不可以制成什么？　　　　　（答案：B）

10. 关于再生饮料瓶，不正确的说法是什么？　　　　 （答案：A）